_____학교 ____학년 ____반 _____의 책이에요.

신나는 교과 체험학습 시리즈 이렇게 활용하세요!

'체험학습'이란 책에서나 수업 시간에 배운 지식을 실제 현장에서 직접 경험해 보는 공부 방법이에요. 단순히 전시된 물건을 관람하거나 공연을 보는 것이 아니라 학습을 하기 전에 미리 필요한 정보를 조사하는 것까지를 포함한 모든 활동을 의미해요. 어떻게 공부할 것인지를 준비하면 그렇지 않은 경우보다 훨씬 더 많은 것을 보고 느끼게 되겠지요. 이 책은 체험학습을 하려는 어린이들에게 좋은 길잡이 역할을 할 거예요.

❶ 가기 전에 읽어 보세요

이 책은 체험학습 현장을 어린이들이 쉽게 이해할 수 있도록 풀이한 안내서예요. 어린이들이 직접 체험학습 현장을 찾아가는 데 필요한 정보가 들어 있어요. 체험학습 현장을 가기 전에 꼼꼼히 읽어 보세요.

❷ 현장에서 비교해 보세요

국립고궁박물관은 500년 전통을 지닌 조선 왕실의 문화를 체험할 수 있는 곳이에요. 왕과 왕비를 비롯한 조선 왕실의 사람들은 어떤 생활을 했는지, 어떤 물건을 사용했는지, 또 어떤 생각을 가지고 살았는지 많은 것을 배울 수가 있지요. 우아하고 격조 높은 왕실 문화 속으로 들어가 볼까요?

❸ 스스로 활동해 보세요

이 시리즈는 단지 지식을 전달하기 위한 교양서가 아니에요. 어린이 여러분이 교과서로 수업 시간에 배운 내용을 실제 현장에서 직접 체험하며 익힐 수 있도록 다양한 활동 내용을 담았지요. 책 중간이나 뒷부분에 이해를 돕기 위한 활동이 있으니 꼭 스스로 정리해 보세요.

❹ 견학 후 활동이 다양해요

체험학습 후에는 반드시 견학 후 여러 가지 활동을 해 보세요. 보고서 쓰기, 신문 만들기, 그림 그리기 등을 통해 체험학습에서 보고 들은 내용을 다시 한번 정리하면 알찬 체험학습이 될 거예요.

신나는 교과 체험학습 23

조선 왕실의 품위 있는 문화를 체험해요 **국립고궁박물관**

초판 1쇄 발행 | 2008. 7. 21.
개정 2판 7쇄 발행 | 2023. 11. 10.

글 국립고궁박물관 | **그림** 이진우

발행처 김영사 | **발행인** 고세규
등록번호 제 406-2003-036호 | **등록일자** 1979. 5. 17.
주소 경기도 파주시 문발로 197(우-10881)
전화 마케팅부 031-955-3100 | 편집부 031-955-3113~20 | 팩스 031-955-3111

© 국립고궁박물관, 2008

값은 표지에 있습니다.
ISBN 978-89-349-8533-4 64000
ISBN 978-89-349-8306-4 (세트)

좋은 독자가 좋은 책을 만듭니다. 김영사는 독자 여러분의 의견에 항상 귀 기울이고 있습니다.
전자우편 book@gimmyoung.com | 홈페이지 www.gimmyoungjr.com

어린이제품 안전특별법에 의한 표시사항
제품명 도서 **제조년월일** 2023년 11월 10일 **제조사명** 김영사 **주소** 10881 경기도 파주시 문발로 197
전화번호 031-955-3100 **제조국명** 대한민국 ⚠**주의** 책 모서리에 찍히거나 책장에 베이지 않게 조심하세요.

조선 왕실의 품위 있는 문화를 체험해요

국립고궁 박물관

글 국립고궁박물관 그림 이진우

주니어김영사

차례

국립고궁박물관에 가기 전에

미리 준비하세요

준비물 《국립고궁박물관》 책, 필기도구, 가볍고 활동하기 편한 차림

미리 알아 두세요

관람 시간   오전 10시 ~ 오후 6시(오후 5시까지 입장하세요.)

입장료   무료(별도의 안내가 있기 전까지는 누구나 무료로 관람할 수 있어요.)

전화   02)3701-7500

홈페이지   www.gogung.go.kr

주소   서울특별시 종로구 효자로 12

가는 방법

지하철   3호선 경복궁역 5번 출구에서 걸어서 2분

5호선 광화문역 1번 출구에서 걸어서 10분

버스   광화문 세종로 일대 버스정류소에서 걸어서 5~10분

초록(지선)-1020번, 7025번, 종로 11번, 1711번

파랑(간선)-109번, 171번, 272번, 601번

빨강(광역)-9703번

노랑 90S투어

국립고궁박물관은요······

안녕하세요, 어린이 여러분! 조선 왕실의 찬란한 500년 역사와 문화를 체험할 수 있는 국립고궁박물관에 온 것을 환영합니다!

국립고궁박물관은 조선 시대와 대한제국 시대를 거치는 동안 왕실과 황실에서 사용한 여러 가지 유물을 연구·보관하고 전시하는 곳이에요. 조선 왕실의 문화를 널리 알리기 위해 지난 2005년 8월 15일부터 문을 활짝 열고 여러분을 맞이하고 있지요. 이곳에 오면 조선이라는 한 시대를 알려 주는 우리의 전통문화를 만날 수 있어요. 왕실 유물을 보면 당시의 가장 뛰어났던 예술과 기술을 짐작할 수 있거든요. 기품 있고 화려한 왕실 유산을 둘러보면서 조선 왕실의 문화를 체험해 보세요. 낯설고 어렵게만 느꼈던 조선 왕실과 한 발짝 가까워지는 뜻 깊은 시간이 될 거예요.

그럼, 국립고궁박물관으로 왕과 왕실 가족들을 만나러 떠나 볼까요!

✕✕✕✕✕✕ 예절 교육 ✕✕✕✕✕✕

멋쟁이 박물관 친구들, 이것만은 지킨답니다!
① 박물관에서 먹을 것을 먹지 않아요.
② 박물관에서 카메라의 플래시랑 삼각대는 쓰지 않아요.
③ 박물관에서 휴대 전화는 쓰지 않아요.
④ 박물관에서 뛰어다니지 않아요.
⑤ 박물관 유물에 손을 대거나 만지면 유물이 아파요.
⑥ 주위 사람들에게 피해를 주는 행동은 하지 않아요.

한눈에 보는 국립고궁박물관

국립고궁박물관은 모두 세 개 층으로 되어 있어요. 각 층의 전시 내용은 전시실 안내를 보면 알 수 있지요. 하지만 이 책은 여러분의 이해를 좀 더 쉽게 하기 위해서, 층별 순서를 따르지 않고 주제별로 묶어서 설명하고 있어요. 층별로 관람하고 싶다면 아래 전시실 안내에 책의 해당 내용과 쪽 번호를 밝혔으니 참고하세요. 책의 순서는 2층 조선의 국왕실부터 시작해요.

특별 전시

박물관에서는 상설 전시 이외에도 특별 전시가 열리고 있어요. 홈페이지에서 미리 확인하고 방문하면 더욱 알찬 관람을 할 수 있어요.

지하1층

화려한 병풍 그림과 각종 행사 내용을 담은 기록화, 국가의 행사가 있을 때 연주했던 궁중 악기들, 그리고 왕이 행차할 때 탔던 가마 등이 전시되어 있어요.

9. 왕실의례

10. 과학문화

휴게 공간

8. 궁중서화

고궁 배움터

책의 이런 내용과 관련이 있어요

8. 궁중 서화
50~51쪽 왕을 그린 그림, 어진
52쪽 왕실에 잔치가 열렸네
56~57쪽 도화서 화원들은 무슨 일을 했을까?

9. 왕실 의례
53쪽 궁궐에서 들리는 음악 소리
26~27쪽 주상 전하 납시오, 왕의 바깥 나들이

10. 과학 문화
40~41쪽 왕의 학문, 천문학
42~43쪽 시간을 다스리는 왕
44~45쪽 스스로 시간을 알리는 시계, 자격루

정보검색실

6. 기획전시실II

5. 대한 제국   7. 어차   영상실

뮤지엄숍

1층

← 출입구

정치 · 외교 · 경제 · 사회 · 문화 등 전면에서 근대화를 위해
노력했던 대한 제국 시대의 대표 유물이 전시되어 있어요.
전시실 로비에서는 황실 가족의 어차를 감상할 수 있어요.

책의 이런 내용과 관련이 있어요

5. 대한 제국
14~15쪽 새 시대 새 나라, 대한 제국
16~17쪽 한눈에 보는 조선의 역사

출발은 2층
제왕기록실부터!

2층

책의 이런 내용과 관련이 있어요

1. 조선의 국왕
10~11쪽 절대 권력자, 왕의 상징물
12~13쪽 문화로 피어난 기록 정신
3. 왕실의 생활
32~33쪽 왕실 사람들의 생활 공간,
궁궐
34~35쪽 장금이표 수라상
36~37쪽 왕실 가족은 멋쟁이

조선왕조의 역사를 살펴볼 수 있는 상징물과 기록물, 조선 5대
궁궐의 역사와 왕실 가족들의 생활 모습이 전시되어 있어요.

3. 왕실의 생활   4. 기획전시실I

2. 조선의 궁궐   복도

안내실

물품   응급대기실
보관소

1. 조선의 국왕

5

조선의 역사와 기록 문화

　혼란스러웠던 고려 말, 이성계 장군은 신진 사대부*들과 손을 잡고
나라를 새롭게 하고자 하였어요. 이에 1392년, 고려 왕조가 막을 내리고
새 나라 조선이 시작되었지요. 조선은 약 500년 간 계속되었고
스물일곱 명의 왕이 조선의 왕위를 이어 나갔어요.

　왕과 관련된 모든 사항은 사관*이 날마다 기록했어요. 매일의 기록을 모아
역사책을 만들고, 잘한 일과 잘못한 일을 가려 후대의 사람들이
모범으로 삼도록 하기 위함이었지요. 왕의 일뿐 아니라 궁궐에서 벌어지는
다양한 행사도 자세하게 기록해 남겼어요.

* 신진 사대부 : 9쪽을 참고하세요.
* 사관 : 역사책을 펴내는 일을 맡았던
　벼슬아치를 말해요.
* 왕세자 : 왕위를 이을 왕자예요.
* 세자빈 : 왕세자의 아내를 이르는
　말이에요.

궁궐의 행사라고 하면 조상에게 제사를 지내고,
왕세자*가 세자빈*을 맞아 혼례를 치르는 일 등을 가리켜요.
조선 시대에는 이러한 행사를 준비한 과정과 행사의 모든 내용을
자세하게 적어 책으로 만들었어요. 이 책을 읽어 보면 행사를 준비한
사람이 누구인지, 필요한 물건이 무엇이었는지 알 수 있답니다.
　그럼, 이처럼 자랑스러운 기록 문화를 꽃피운 조선의 왕실에 대해서
좀 더 자세히 알아보도록 해요. 그러기 위해서 우선 조선이 어떻게
세워졌는지, 그 역사부터 간단하게 짚어 보아요.

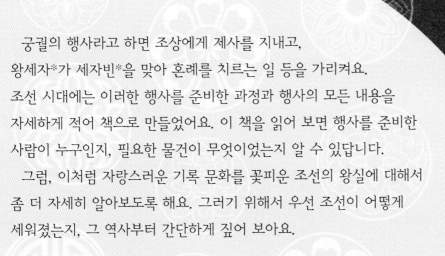

《승정원일기》　　　조선왕조실록 중 《현종실록》　　　《영정모사도감의궤》

태조금보

이성계, 조선을 세우다

무인
무예를 닦은 사람들이에요. 나라 안팎을 지키는 일을 하였지요.

고려 말, 백성들은 살기가 너무도 힘들었어요. 귀족들의 횡포는 심해졌고, 나라 밖에서는 홍건적과 왜구가 침입해 괴롭혔거든요. 이때 기울어 가는 나라를 다시 일으키고자 노력한 사람들이 있었어요. 바로 정도전, 조준 등의 신진 사대부들과 이성계를 중심으로 한 무인들이었지요. 이들은 나라를 새롭게 하자는 데 뜻을 모으고 기회를 엿보았어요.

그러다 1388년 5월, 이성계는 요동을 정벌하라는 명령을 받았어요. 하지만 군대를 이끌고 가던 이성계는 압록강 하류에 있는 위화도라는 섬에서 군대를 돌리기로 결정해요. 무리하게 명나라와 전쟁을 하라는 왕의 말을 따를 수 없다고 생각한 거예요. 이성계는 결국 군사를 동원해 고려의 수도인

태조 이성계의 초상화
이성계는 고려 말 홍건적과 왜구를 무찔러 백성들로부터 지지를 얻고 이를 바탕으로 조선을 세웠어요.

개경을 장악한 뒤 우왕을 몰아냈어요. 1392년, 태조 이
성계는 왕위에 올랐고 이듬해 나라 이름을 조선으로 바
꾸었답니다.

덕으로 다스리는 나라

이렇게 시작된 새 나라 조선은 1392년부터 1910년까
지 519년 동안 계속되었어요. 그동안 스물일곱 명의 왕
이 왕위에 올랐지요. 이처럼 한 왕조가 500년 이상 지
속된 예는 세계적으로도 드물답니다. 조선이 오래 지속될 수 있었던
이유 중 하나는 충과 효를 바탕으로 하는 유교를 나라의 통치 이념으
로 삼았기 때문이에요. 왕은 백성을 보살피고 백성은 왕을 섬기며,
자녀는 부모에게 효도하며 검소하고 부지런하게 살아야 한다는 것이
유교의 가르침이었지요.

신진 사대부

이성계와 손을 잡고 조선을 세운
신진 사대부란 어떤 사람들일까요?
권력을 대대로 세습 받던 고려의
귀족들과 달리 유학(성리학)을
공부하고 과거 시험을 통해 벼슬에
오른 지식인들이에요. 새롭게
등장했다고 하여 신진 사대부라고
부르지요. 권력을 휘두르던 귀족을
비판하고 사회를 개혁하고자
노력했답니다.

통치 이념
나라를 다스리는 데 있어서
가장 좋다고 여기는 생각을
뜻해요.

위화도 회군과 조선의 건국
왕의 명을 받고 요동을 정벌하러 가
던 이성계는 위화도에서 군대를 돌려
왕을 몰아내고 조선을 건국했어요.

절대 권력자, 왕의 상징물

어좌(▲)와 일월오봉도(▶)
왕의 자리와 그 뒤에 두었던 병풍이에요. 병풍에는 다섯 봉우리와 해, 달, 소나무를 그렸어요.

조선의 왕은 나라를 다스리는 최고 통치자일 뿐 아니라 왕비와 더불어 만백성의 어버이로 여겨졌어요. 왕의 자리에는 일월오봉도 병풍과 같은 왕의 상징물들을 놓아 위엄과 권위를 한껏 높였지요.

 책봉
왕비·왕세자·세자빈을 임명하는 것을 말해요.

왕실의 도장, 어보

어보는 왕의 도장을 뜻해요. 나랏일을 다루는 문서에 왕의 어보가 찍혀 있으면 왕의 명령이라는 뜻이었지요. 하지만 넓은 의미로는 왕비, 왕세자 등 왕실 가족의 도장을 말해요. 왕과 왕비의 덕을 기리는 뜻을 담은 특별한 이름, 즉 존호를 지어 올릴 때 어보도 만들어 올렸어요. 존호를 올리는 일은 중요한 국가 의례 중 하나예요.

또한 어보는 왕비나 왕세자, 세자빈이 책봉을 받을 때 왕으로부터 하사 받는 물건 중 하나이기도 했어요. 왕과 왕비에게는 금이나 옥으로 만든 금보나 옥보를, 왕세자와 세자빈에게는 옥이나 은으로

왕비의 책봉
왕비나 왕세자, 세자빈으로 임명이 되면 이를 상징하는 어보를 받았어요.

만든 옥인이나 은인을 내려서 지위에 따라 도장의 재료를 다르
게 하였답니다. 현재 어보가 상당수 남아 있어 조선 왕조 500년의
오랜 역사를 말해 주고 있어요.

어책과 교명

어책은 어보와 마찬가지로 책봉할 때나 업적을 칭찬할 때 만든 책
이에요. 역시 지위에 따라 재료가 달라서 왕과 왕비의 어책은 옥으
로, 왕세자와 세자빈의 어책은 대나무로 만들었어요. 대한제국이 선
포된 이후에는 왕과 왕비가 황제와 황후로 격상되면서 금으로 만든
금책을 만들어 올렸어요.

교명은 왕이 왕비·왕세자·세자빈 등을 책봉할 때 내리는 문서예
요. 훈계와 당부의 말을 담았지요. 다섯 가지 색으로 짠 비단 두루마
리에 먹으로 글씨를 쓰고 끝에는 어보를 찍었어요.

 대한제국
고종 34년인 1897년에 새로
정한 우리나라의 이름이에요.

격상
자격이나 지위의 격을 높인
다는 뜻이에요.

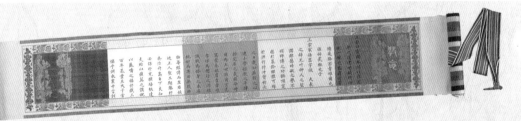

정조교명

〈정조교명〉은 조선의 제22대 왕인 정조가 왕세손으로 책봉될 때 영조로부터 받은 교명이에요. 원문
은 한자이지만 여기서는 알기 쉽도록 우리말로 풀이했어요. 어떤 내용이 담겨 있는지 알아보아요.

집중
탐구

"국본(세자)을 소중히 하는 것은 이 나라를 오래오래 이어가기 위함이다.
원손인 산(정조)은 왕세자의 원자이며 나의 맏손자이다.
소학을 처음 배우는 나이인 8세에 너를 왕세손으로 삼는다.
너는 마땅히 교육을 열심히 받고 효행에 힘쓰며 성실과 공경을 근본으로 삼아라.
눈과 귀를 부귀와 이익, 욕심에 물들지 않도록 하고 항상 바른 사람을 가까이 하여라.
하여 조상께서 이룩한 일을 이어받는 데 힘쓰기 바란다. 1759년 6월 22일"

문화로 피어난 기록 정신

조선왕조실록 중 〈현종실록〉
조선 역대 왕들의 사건을 기록한 역사책이에요. 이 책은 현종 때의 실록이에요.

🦋 **사초**
실록을 편찬하는 데 쓰이는 자료를 뜻해요. 궁궐에서 벌어지는 모든 일을 기록하였으며, 그 내용은 왕을 포함한 그 누구도 볼 수 없었답니다.

　　조선 시대에는 왕이 행했던 일을 자세하게 기록하여 후대의 모범으로 삼고자 하였어요. 이렇게 전해지는 기록물은 세계적으로도 유례가 없을 만큼 자세하고 분량도 엄청나답니다.

500년 간의 일기, 조선왕조실록

　　실록은 조선 제1대 왕인 태조 때부터 제25대 철종 때에 이르기까지 역대 왕의 행적을 시간 순으로 기록한 책이에요. 무려 1천7백 권이 넘지요. 실록은 왕이 세상을 떠나면 만들어요. 살아 생전 왕의 일을 기록한 사초와 승정원에서 쓴 《승정원일기》, 여러 관청에서 작성한 일지 등의 자료를 모아 작성하지요. 안전을 위해서 원본 외에 서너 질을 더 만들어요. 완성된 실록은 중앙 관청과 오대산, 태백산, 정족산, 적상산 등에 한 질씩 보관했어요. 이런 노력 덕분에 실록이 온전하게 전해져 오늘날 우리가 조선의 역사를 자세하게 알 수 있지요.

실록 만들기

실록을 편찬하는 데는 많은 수고와 정성이 필요했어요. 그 과정을 살펴보아요.

① 왕이 세상을 뜨고 나면 실록청을 설치하고 편찬 작업을 시작해요. 왕이 살아 있을 때 기록해 둔 사초를 수차례 고쳐 최종본을 완성해요.

② 완성된 실록은 중앙과 지방의 여러 사고에 보관해요. 처음엔 지방의 중심지에 보관했지만 임진왜란이 일어나 여러 사고에 불이 난 뒤부터 깊은 산속으로 옮겼답니다.

③ 정초로 완성되기 전의 원고들을 물에 씻어서 모두 지워요. 종이가 귀해서 재활용을 해야 했거든요. 게다가 아무도 원고의 내용을 보면 안 되었기 때문이에요.

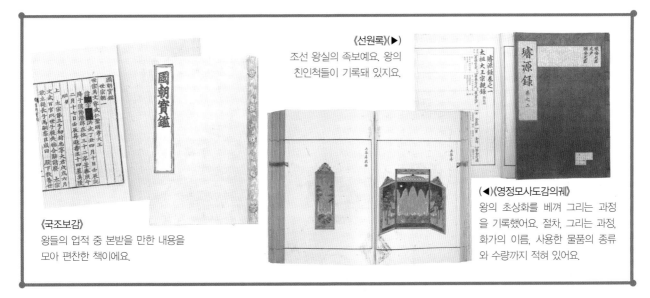

《국조보감》
왕들의 업적 중 본받을 만한 내용을
모아 편찬한 책이에요.

《선원록》(▶)
조선 왕실의 족보예요. 왕의
친인척들이 기록돼 있지요.

(◀)《영정모사도감의궤》
왕의 초상화를 베껴 그리는 과정
을 기록했어요. 절차, 그리는 과정,
화가의 이름, 사용한 물품의 종류
와 수량까지 적혀 있어요.

눈으로 보듯 생생한 기록, 의궤

궁궐에서는 다양한 행사가 열렸어요. 조상에게 제사를 지내고, 혼례를 올리고, 잔치도 열었지요. 또 궁궐을 새로 짓거나 고치고, 왕의 초상화를 그리는 행사도 있었어요. 의궤란 바로 이런 행사의 준비 과정과 내용을 상세하게 적고 그림으로 그린 책이에요. 행사를 준비했던 사람들의 이름은 물론이고, 왕이 내린 지시 사항과 신하들이 보고한 내용, 행사에 필요한 물건과 그 비용까지 적혀 있답니다.

뿐만이 아니에요. 행사 장면과 사용된 물품들을 그림으로 그려 남겼기 때문에 지금 읽어 보아도 행사 장면을 생생하게 떠올릴 수 있을 정도예요. 의궤 역시 실록과 마찬가지로 여러 권을 만들고 이곳저곳에 나누어 보관했어요. 그중 왕에게 올리는 것은 고급 닥종이에 글씨를 쓰고, 비단으로 표지를 만들고, 그림에는 색깔도 입혔답니다.

그 밖에 중요한 조선의 기록물로는 왕실의 족보인 《선원록》과 역대 왕의 훌륭한 업적을 모아 놓은 《국조보감》, 승정원에서 기록한 《승정원일기》 등이 있어요.

《승정원일기》
조선 시대 왕의 명령을 담당했던 승정원에서 기록한 일기예요.

닥종이
닥나무 껍질로 만든 종이예요. 고려 시대부터 만들기 시작해서 조선 시대에 널리 사용했어요.

여기서 잠깐! 유네스코 세계기록유산

조선왕조실록과 《승정원일기》, 그리고 조선왕조의 의궤는 1997년과 2001년, 2007년에 유네스코 세계기록유산으로 등재됐어요.
전 인류가 함께 보호할 가치가 있는 중요한 역사 자료로 인정을 받았다는 뜻이지요.

새 시대 새 나라, 대한제국

경운궁 현판
고종 황제의 글씨예요. 경운궁에서
대한제국이 황제국임을 선포했지요.

순종 황제 즉위 기념메달(◀)
순종 황제 혼인 기념메달(▶)

 연호
나라가 새로 시작될 때 또는
새로 왕이 즉위했을 때, 그
해를 원년으로 삼고 연(해)의
이름을 정한 것을 말해요. 고
종이 대한제국을 선포한
1897년은 광무 1년이에요.

조선은 제26대 왕인 고종 때 정식으로 세계 여러 나라들과 교류를 시작했어요. 나라의 문을 단단히 닫고 지내던 조선에 비로소 근대적인 서양의 문물이 들어오기 시작한 것이지요. 이를 개항이라고 해요. 하지만 나라 안의 상황이 복잡하고 힘이 약했던 탓에 조선은 여러 힘센 나라들의 간섭을 받는 처지가 되고 말았어요. 이에 고종은 개혁을 원하는 사람들과 힘을 합쳐 새로운 시대에 맞게 조선을 바꾸기로 했어요. 그리고 1897년, 나라의 이름을 대한제국으로, 연호를 광무(光武, '힘을 기르고 나라를 빛내자.' 는 뜻이에요.)로 정하고 황제 즉위식을 가졌어요. 조선이 왕의 나라에서 황제의 나라가 된 것이에요. 더불어 현재의 덕수궁인 경운궁을 더욱 크게 짓고 황제가 하늘에 제사를 드리는 곳인 환구단도 만들었어요.

대한제국은 황제의 명령을 따르는 궁내부라는 기관을 두고 근대화 사업을 벌였어요. 일본과 미국, 유럽의 신기술을 배워 통신, 철도, 우편, 금융, 자동차, 교육, 의료 등 여러 분야를 발전시켜 나갔지요.

여기서 잠깐!

오얏꽃을 찾아라

고종은 대한제국을 선포한 뒤 조선 왕조의 성(오얏 李)을 따라 오얏꽃을 대한제국의 상징으로 삼았어요. 이 문양은 대한제국 시대에 황실에서 사용한 도자기를 비롯해 생활용품, 황후의 예복, 가구, 우표와 화폐, 그리고 훈장과 군복에도 사용되었답니다. 오른쪽 우표에서 오얏꽃 문양을 찾아보세요.

정답은 64쪽에

오얏꽃(자두나무의 꽃)

구한말 우표

14

대한제국 궁궐 내부 모습
대한제국 시절 궁궐에는 침대, 의자, 탁자 등의
가구와 화병, 장식용품을 비롯하여 서양식 실내
장식품이 사용되었어요.

서양 문물의 도입

개항 후 대한제국 궁궐에는 서양식 문물이 물밀 듯이
들어와 곳곳을 차지했어요. 프랑스, 영국, 일본 등지에
서 수입한 침대와 탁자와 의자 등 서양식 가구와 화려
한 서양식 도자기가 사용되었지요. 건물의 외관이나 실
내 장식에도 서양식이 도입되었어요. 대한제국을 선포
한 경운궁 안에 위치한 석조전이 대표적인 예예요. 순
종 황제와 황후가 탔던 자동차인 어차 역시 외국의 자
동차 회사에서 제작한 것이었어요.

궁궐 바깥 서울 한복판에서도 전에는 볼 수 없었던
풍경들이 눈에 띄기 시작했어요. 외국인들과 교회,
서양식 학교를 통해 일반 사람들에게도 서양의 문화
가 많이 소개되었거든요. 공공 기관에서 일하는 관원
들은 출근할 때 양복을 입었고, 학생들은 서양식 교육을 받
기 시작했어요. 또 찬송가와 같은 서양 음악이 들어와서
〈대한제국 애국가〉도 만들어졌지요. 그 밖에 서양식 풍경화
나 서양식 연극인 신파극과 영화가 인기를 얻기도 했답니다.

황제의 자동차, 어차

아래 사진은 미국의 자동차 회사인
제너럴모터스 사가 제작한 캐딜락
리무진이에요. 황금색 오얏꽃
장식을 붙이고 내부는 황금색
비단으로 꾸며 황실 어차로서의
위엄과 화려함을 갖추었어요.
마차와 비슷하게 생겼지요?
초기 자동차 모습의 특징을 보여
주는 중요한 유물이랍니다.

순종 황제 어차(위쪽)와 내부(아래쪽)

한눈에 보는 조선의 역사

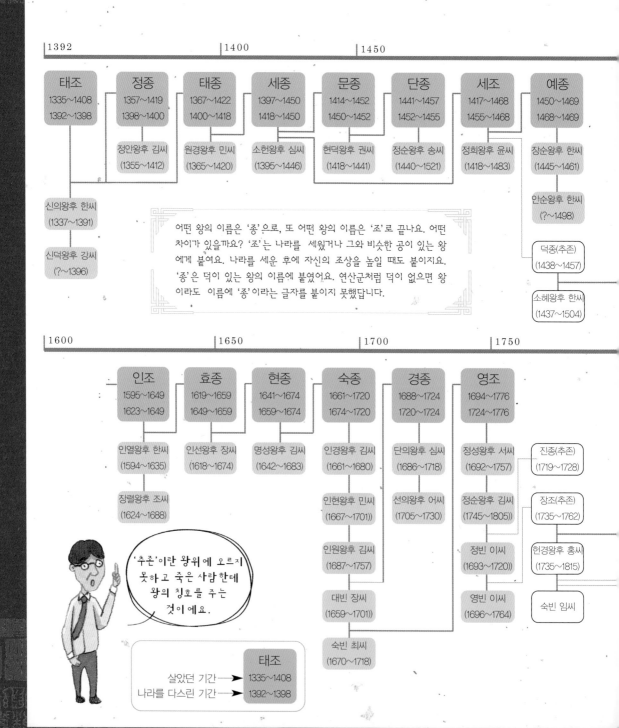

1392 1400 1450

태조
1335~1408
1392~1398

신의왕후 한씨
(1337~1391)

신덕왕후 강씨
(?~1396)

정종
1357~1419
1398~1400

정안왕후 김씨
(1355~1412)

태종
1367~1422
1400~1418

원경왕후 민씨
(1365~1420)

세종
1397~1450
1418~1450

소헌왕후 심씨
(1395~1446)

문종
1414~1452
1450~1452

현덕왕후 권씨
(1418~1441)

단종
1441~1457
1452~1455

정순왕후 송씨
(1440~1521)

세조
1417~1468
1455~1468

정희왕후 윤씨
(1418~1483)

예종
1450~1469
1468~1469

장순왕후 한씨
(1445~1461)

안순왕후 한씨
(?~1498)

덕종(추존)
(1438~1457)

소혜왕후 한씨
(1437~1504)

> 어떤 왕의 이름은 '종'으로, 또 어떤 왕의 이름은 '조'로 끝나요. 어떤 차이가 있을까요? '조'는 나라를 세웠거나 그와 비슷한 공이 있는 왕에게 붙여요. 나라를 세운 후에 자신의 조상을 높일 때도 붙이지요. '종'은 덕이 있는 왕의 이름에 붙였어요. 연산군처럼 덕이 없으면 왕이라도 이름에 '종'이라는 글자를 붙이지 못했답니다.

1600 1650 1700 1750

인조
1595~1649
1623~1649

인열왕후 한씨
(1594~1635)

장렬왕후 조씨
(1624~1688)

효종
1619~1659
1649~1659

인선왕후 장씨
(1618~1674)

현종
1641~1674
1659~1674

명성왕후 김씨
(1642~1683)

숙종
1661~1720
1674~1720

인경왕후 김씨
(1661~1680)

인현왕후 민씨
(1667~1701))

인원왕후 김씨
(1687~1757)

대빈 장씨
(1659~1701)

숙빈 최씨
(1670~1718)

경종
1688~1724
1720~1724

단의왕후 심씨
(1686~1718)

선의왕후 어씨
(1705~1730)

영조
1694~1776
1724~1776

정성왕후 서씨
(1692~1757)

정순왕후 김씨
(1745~1805))

정빈 이씨
(1693~1720))

영빈 이씨
(1696~1764)

진종(추존)
(1719~1728)

장조(추존)
(1735~1762)

헌경왕후 홍씨
(1735~1815)

숙빈 임씨

> '추존'이란 왕위에 오르지 못하고 죽은 사람한테 왕의 칭호를 주는 것이에요.

	태조
살았던 기간 →	1335~1408
나라를 다스린 기간 →	1392~1398

조선 시대 왕은 백성이 좋은 옷을 입고 배부르게 먹으며 노인과 어린이가 편히 살 수 있는 나라를 만들려고 노력했어요. 스물일곱 명의 왕이 대를 이어가며 훌륭하게 나라를 다스렸지요. 스물일곱 명의 왕이 누구였는지, 또 그 가족에는 누가 있었는지 한눈에 알 수 있게 표로 나타내었어요. 왕실 가족을 만나 보세요.

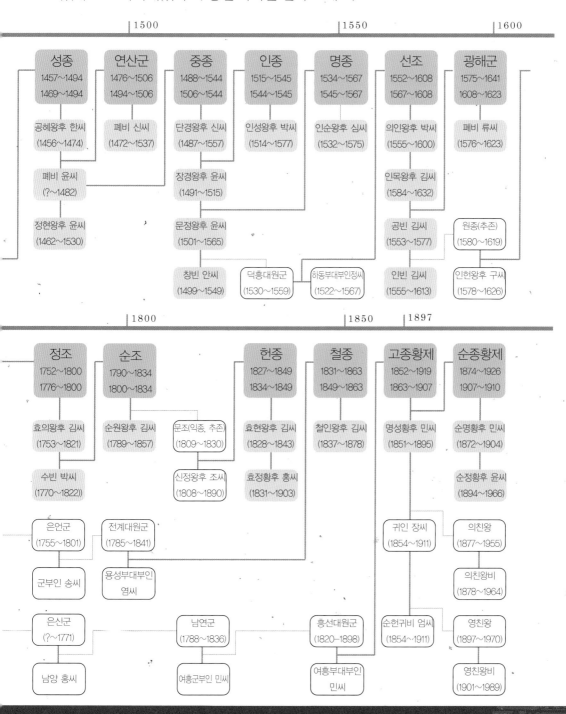

유교의 나라, 조선의 의례

조선이 고려를 무너뜨리고 세워진 나라라는 사실, 기억하지요? 유교를 나라의 통치 이념으로 삼은 조선은 배불숭유, 즉 불교를 멀리하고 유교를 받드는 정책*을 폈어요. 불교는 고려 때 중요시한 가치관*이었거든요. 게다가 불교의 사찰*과 승려*들의 힘이 너무 강해서 왕보다 세어질까 봐 걱정도 되었어요.

하지만 백성들은 오랫동안 정신적인 버팀목으로 삼아 온 불교를 쉽게 버리지 못 했어요. 이에 조선 왕실은 유교적인 생각을 생활 속에 널리 퍼뜨리기 위해 직접 모범을 보이기로 했지요. 우선 왕실의 각종 행사를 유교의 예법*에 따라 오례로 정리했어요. 오례는 제사를 지내는 길례, 결혼과 같은 경사스러운 행사인 가례,

종묘 신실 내부 〈수원 화성 행차도〉

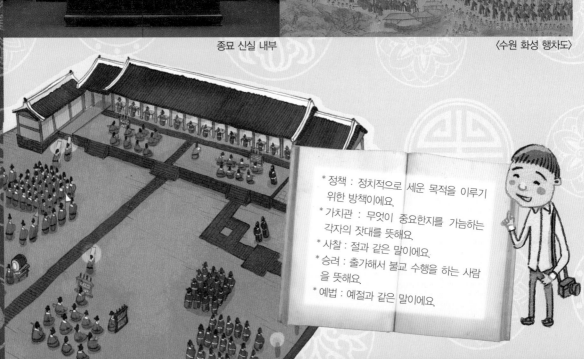

* 정책 : 정치적으로 세운 목적을 이루기 위한 방책이에요.
* 가치관 : 무엇이 중요한지를 가늠하는 각자의 잣대를 뜻해요.
* 사찰 : 절과 같은 말이에요.
* 승려 : 출가해서 불교 수행을 하는 사람을 뜻해요.
* 예법 : 예절과 같은 말이에요.

외국 손님을 맞이하는 빈례, 왕이 군사 훈련에 참여하는 군례,
장례 의식인 흉례를 말해요. 왕실에서 벌이는 모든 행사는 오례에 따라
엄격하게 격식과 절차를 지켰답니다.

　다섯 가지 의례 가운데 가장 중요한 것은 바로 길례였어요. 유교는 효를
중요시하니 마땅히 조상에게 제사를 올리는 길례가 으뜸이었던 것이지요.
길례 중에서도 특히 역대 왕들에게 제사를 지내는 종묘제례는 규모도 크고
매우 엄숙하게 치렀답니다.

　그럼, 화려하고 멋진 왕실 의례를 구경하러 함께 떠나요!

《경국대전》

주작 깃발

백호 깃발

코끼리 모양 술동이

나라를 다스리는 법칙, 유교

성균관 명륜당
유학을 공부하는 유생들이 머물면서 학문을 연구하던 곳이에요. 현재 성균관대학교 안에 있어요.

지금과는 달리 신분이 있었구나.

조선의 왕들은 유교에 따라 나라를 다스리고자 했어요. 유교의 기본적인 정신은 사람으로서 지켜야 할 도리를 따르는 것이에요. 이를 위해서는 '인의예지(仁義禮智)'를 갖추어야만 했지요. 인의예지란 곧 어질고(仁 인), 의롭고(義 의), 예의 바르고(禮 예), 지혜로운(智 지) 네 성품을 뜻해요.

또한 유교는 모든 사람에게는 각자의 신분에 맞는 역할이 있다고 강조했어요. 왕의 역할은 백성을 잘 다스리는 것이었지요. 유교의 가르침에 따르면 이를 위해서 왕은 충직하고 현명한 신하의 바른 말에 귀를 기울여야 했어요. 관리들은 나랏일을 처리하는 데 있어 사사로운 욕심을 멀리하는 것이 올바른 도리였지요. 또한 일반 백성들은 다른 무엇보다 정직하고 부지런하게 생활하는 것이 자신의 신분에 맞게 살아가는 방법이었답니다.

삼강오륜

유교에서는 사람들 사이의 관계를 매우 중요하게 여겼어요. 삼강오륜은 임금과 신하, 어버이와 자식 등 사람과 사람이 맺으며 살아가는 관계에 대한 가르침이에요.

집중탐구

삼강

군위신강(君爲臣綱)
임금은 신하의 모범이 되어야 한다는 뜻이에요.

부위자강(父爲子綱)
부모는 자식의 모범이 되어야 한다는 뜻이에요.

부위부강(夫爲婦綱)
남편은 아내의 모범이 되어야 한다는 뜻이에요.

《경국대전》
조선을 대표하는 법전이에요. 중국의 법과는 다른 우리 나름의 고유한 법을 정리했지요.

여러 가지 호패
조선 시대의 신분증이에요. 신분에 따라 양반은 상아나 뿔로 만든 호패를, 평민은 나무로 만든 호패를 찼어요.

이를 실천하려면 옳고 그름을 판단할 잣대인 법이 필요했어요. 그래서 만들어진 것이 바로 조선의 최고 법전인 《경국대전》이에요. 이 책에는 자식에게 재산을 물려줄 때나 땅과 집을 사고팔 때, 또 혼인을 할 때 등 생활 속에서 일어나는 일들을 행할 때 어떤 절차와 기준에 따라야 하는지 자세하게 나와 있어요.

여기서
잠깐!

도전, 나도 유학자

유교는 '사람답게 사는 법'에 대한 가르침이라 할 수 있어요. 여러분이 학생으로서 반드시 가져야 할 성품은 무엇이라고 생각하나요? 한번 생각해 보고 다른 친구들과 이야기해 보세요.

예시 답은 64쪽에

오륜

부자유친(父子有親)
부모와 자식 간에는 친함이 있어야 한다는 말이에요.

군신유의(君臣有義)
임금과 신하 간에는 의로움이 있어야 한다는 말이에요.

부부유별(夫婦有別)
부부 사이에는 분별이 있어야 한다는 말이에요.

장유유서(長幼有序)
어른과 어린이 사이에는 차례가 있어야 한다는 뜻이에요.

붕우유신(朋友有信)
친구끼리는 믿음이 있어야 한다는 뜻이에요.

집중탐구

왕실의 다섯 가지 의례

나라에서는 백성들도 유교의 의례에 따르도록 권했어요. 하지만 고려 때부터 불교를 믿어 온 백성들은 쉽게 바뀌지 않았지요. 이에 조선 왕실은 모범을 보이고자 왕실의 행사를 다섯 가지로 나누어 정리하고 엄격히 지켰어요. 그리고 누구나 쉽게 보고 따를 수 있도록 자세한 내용과 그림으로 풀어 책으로 펴냈답니다. 이 책이 바로 《국조오례의》예요. 그럼 다섯 가지 의례를 한번 살펴볼까요?

첫째로 길례는 나라의 제사를 지내는 일이에요. 유교에서는 조상을 섬기는 것을 근본으로 삼았기 때문에 길례는 오례 중 가장 중요하게 여긴 의례였어요. 길례에는 역대 왕과 왕비에게 올리는 종묘제례와 땅과 곡식의 신에게 풍요를 비는 사직제례가 있어요.

가례는 왕실의 경사스러운 의식이에요. 왕과 왕세자의 혼례나 왕비, 왕세자, 왕세자빈의 책봉식이 여기 해당하지요. 그 밖에도 왕세자의 입학식, 과거 시험의 합격자 발표식, 기념일 축하 등이 모두 가례에 포

《국조오례의》

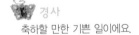
경사
축하할 만한 기쁜 일이에요.

군례 살펴보기 - 《대사례의궤》

《대사례의궤》는 조선 영조 때의 대사례 의식을 기록한 책이에요. 대사례란 왕이 옛 성인들에게 제사를 드리고 활을 쏘는 의식을 말해요. 오른쪽 그림은 대사례 의식 가운데 어사례도, 즉 왕이 신하들에게 활쏘기 시범을 보이는 장면을 그린 것이에요.

집중탐구

왕의 모습은 감히 그려 넣지 못했어요.

붉은 문은 왕의 위엄을 나타내요.

곰의 얼굴을 그린 왕의 과녁이에요.

왕의 자리 뒤에는 역시 일월오봉도가 있구나.

《대사례의궤》 중 〈어사례도〉

함돼요. 화려하고 멋진 잔치가 벌어지는 가례는 왕실의 위엄을 높이고 백성과 함께 어우러지는 기회가 되기도 했답니다.

외교와 관련된 국가의 행사는 빈례라고 해요. 먼 나라에서 온 사신을 맞이하고 대접하는 일이지요. 조선 왕실은 중국과 일본에서 사신이 올 때면 격식을 갖추어 잘 대접함으로써 좋은 관계를 맺고자 노력했어요.

군례는 왕이 활쏘기나 무예 행사, 군대 사열 등에 참여할 때 따랐던 의식이에요. 군대의 우두머리인 왕이 군사들과 함께 행사를 치르면서 사기를 북돋아 주고자 했던 것이지요.

흉례는 왕실의 장례 의식과 돌아가신 왕과 왕비의 신주를 종묘에 모시는 의식이에요. 왕의 죽음이 가까워지면 거처를 외전으로 옮기고, 왕의 뒤에 도끼 무늬가 수놓인 붉은 비단 병풍을 쳐요. 왕이 숨을 거두면 시신을 빈전으로 옮기고 장례를 치러요. 그 다음 왕릉에 모시지요. 왕이 죽은 뒤에는 업적에 맞는 이름, 즉 묘호를 받아요. 태조, 세종, 영조와 같은 이름이 바로 묘호랍니다.

외교
다른 나라와 정치적, 경제적, 문화적 관계를 맺는 일을 말해요.

사신
임금의 명령을 받고 다른 나라에 가는 신하예요.

사열
군사들이 훈련을 잘 받고 있는지 점검하는 일이에요.

왕은 표적과 90보, 110미터 정도의 거리에서 4발의 화살을 쏘았어요.

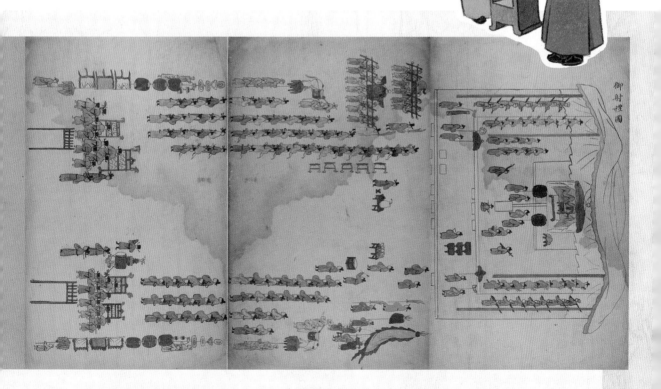

조상님께 정성을, 종묘제례

신주

쉿! 여기는 역대 조선의 왕과 왕비의 신주가 모셔진 종묘예요. 오늘 밤 이곳에서는 종묘제례를 올리고 있어요. 조용한 가운데 왕이 신주를 모신 곳으로 나아가면 장엄한 음악이 울려 퍼져요.

종묘제례는 조상의 덕에 감사하며 지내는 왕실의 제사로, 제사 가운데 가장 규모가 커요. 봄, 여름, 가을, 겨울의 첫 달과 음력 12월에 지내지요. 이때가 되면 왕은 세자와 신하들, 왕실 친척을 거느리고 몸소 종묘에 나와서 제사를 지냈어요.

제사 절차 가운데 가장 중요한 순서는 향을 피우고 음식과 술을 신에게 바치는 의식이에요. 음식은 예법에 따라 엄격하고 정성스럽게 차렸어요. 굽고, 삶고, 끓여 만든 것 외에 날고기 등 생것을 함께 올리고 제기라는 그릇에 담았어요. 음식과 계절에 따라 사용하는 제기의 종류도 달랐답니다.

신주는 나뭇조각

옛날에는 사람이 죽으면 혼과 백으로 나누어진다고 믿었어요. 죽은 몸인 백은 땅에 묻히지만 혼은 갈 곳 없이 하늘을 떠돌아다니므로 안전하게 머물 곳을 마련해 주어야 한다고 여겼지요. 혼의 안식처가 바로 나무를 깎아 만든 신주예요. 전쟁이 일어나면 나라에서는 역대 왕과 왕비들의 신주를 가장 먼저 챙겨 피난을 떠났어요.

음력
달이 차고 기우는 것을 기준으로 한 해의 절기와 계절을 정하는 방법을 말해요.

여기서 잠깐! **다양한 모양의 제기**

왕실의 제사 때는 아름다운 모양의 제기에 음식을 담았어요. 향로는 향을 피우는 그릇을, 보는 기장쌀과 피쌀을 담아 놓는 그릇을 뜻해요. 술동이는 술을 담는 그릇이겠지요?

코끼리 모양 술동이

향로

보

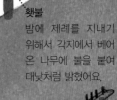

횃불
밤에 제례를 지내기 위해서 각지에서 베어 온 나무에 불을 붙여 대낮처럼 밝혔어요.

종묘제례 때는 장엄한 음악을 연주하고 춤도 추었어요. 어진 정치를 펴서 나라를 평안하게 하고 외적을 물리쳐 나라를 지킨 왕들의 업적을 기리는 내용이 담겨 있지요. 음악은 종묘제례악, 춤은 일무라고 불러요. 여섯 명씩 여섯 줄로 추는 육일무를 추는데, 대한제국 때부터는 여덟 명씩 팔일무를 추고 있어요.

종묘제례는 2001년에 유네스코 세계무형유산으로 등재되었어요. 요즘도 일 년에 한 번, 매년 5월 첫 번째 일요일에 종묘를 방문하면 종묘제례를 지내는 모습을 볼 수 있어요. 단, 지금은 낮에 지내니 밤에 찾아가면 안 된답니다.

종묘 신실 내부
왕의 신주는 왼쪽, 왕비의 신주는 오른쪽에 두어요. 또 신주장 왼편에는 어책과 국조보감 등을, 오른편에는 어보를 넣어 두지요. 제례를 지낼 때는 신실 앞에 예법에 맞추어 제사상을 차려요.

종묘 정전
방마다 왕과 왕비들의 신주가 모셔져 있어요.

일무
선왕들의 무공을 칭찬하는 춤을 추지요.

등가
정전 앞 계단 위 상월대에서 음악을 연주하는 악단으로 하늘을 상징해요

헌가
정전 앞 계단 아래 하월대에서 음악을 연주하는 악단으로 땅을 상징해요

왕실 종친
왕의 친척들이에요.

문무 백관
왕의 신하들이에요

주상 전하 납시오!
왕의 바깥 나들이

환궁 길 한강 배다리

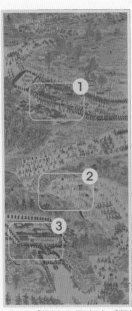

한양으로 돌아오는 행렬

활쏘기와 불꽃놀이

야간 군사 훈련

정조의 행차 속으로 들어가 볼까요?

정조는 1795년에 어머니 혜경궁 홍씨의 회갑을 맞아 아버지인 사도 세자의 묘소가 있는 수원 화성에 갔어요. 이 행차 장면을 여덟 폭의 병풍에 나누어 그린 그림이 〈수원 화성 행차도〉예요. 행사에는 6천2백여 명의 인원과 1천4백여 필의 말이 동원되었다고 하니 그 규모를 짐작할 수 있어요.

등장인물이 신분별로 잘 나타나 있고 건축물, 산, 들, 다리, 강을 비롯해 구경 나온 백성들의 모습까지 자세하게 그려져 있어서 당시의 풍속과 예식, 복식에 관해 알 수 있는 중요한 자료랍니다.

경호가 무척 삼엄한 걸 보니 병사들은 지금 정조와 혜경궁을 보호하고 있군요. 앞의 가마에는 혜경궁이, 뒤의 백마에는 정조가 타고 있어요.

왕실의 중요한 이동 수단은 바로 가마였어요. 이 가마는 연이라고 불러요.

왕이 궁궐 밖으로 나설 때는 수많은 군병과 신하들의 호위를 받았어요. 왕이 탄 가마 주위는 온갖 무기와 장식물로 꾸몄답니다. 행렬의 권위를 높이기 위해 향을 피우고 음악을 울리는 것도 빼놓지 않았어요. 화려한 왕의 바깥 나들이는 보기 드문 큰 구경거리였답니다. 며칠 전부터 집을 떠나 왕의 행렬을 구경하러 오는 이들, 또 왕이 지나갈 때를 기다렸다가 꽹과리를 두드리면서 억울한 사연을 하소연하는 이들도 있었다고 해요.

경로 잔치

혜경궁 홍씨 회갑 잔치

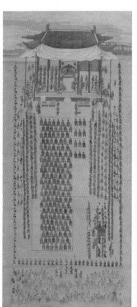

과거 시험

명륜당 참배

줄을 맞춘 기마병들이 호위를 하고 황룡기가 왕의 위엄을 나타내고 있군요. 왕의 뒤로 음악을 연주하는 취타대가 보이나요?

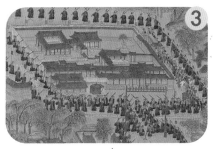

시흥행궁의 모습이에요. 여러 채의 기와집에 담이 사각으로 둘러쳐진 이곳이 바로 혜경궁을 모시고 정조가 하룻밤을 묵은 시흥행궁이랍니다.

행차에 사용되는 여러 가지 의장이에요. 왼쪽부터 금월부, 금장도, 봉황 부채랍니다.

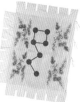

왕의 위엄을 드러내는 깃발들이에요. 왼쪽부터 교룡기, 백호기, 북두칠성기, 주작기이지요.

조선 왕실의 일상

　지금까지 조선의 역사와 기록물, 백성을 다스리는 데 바탕이 된 유교, 그리고 유교의 가르침에 맞게 만들어진 각종 의례에 대해 살펴보았어요. 조선의 왕실 문화를 알려면 꼭 필요한 이야기들이었지만 조금 어렵고 무거운 느낌도 들었을 거예요.

　이제부터는 시시콜콜하고 재미있는 왕실 가족들의 생활 이야기를 할 거예요. 왕을 아버지로 둔 정말 부러운 아이, 왕세자*가 어떻게 하루를 보냈는지부터 시작해서 궁궐*은 어떤 곳인지, 왕과 왕비는 어떤 음식을 먹고 어떤 옷을 입었는지 등을 알아볼 것이랍니다.

경복궁 근정전　　　　　　　　　　　　명종의 태실 및 비

> *왕세자 : 왕위를 이을 왕자를 뜻하는 말이에요.
> *궁궐 : 왕과 신하들이 나랏일을 돌보는 곳이자 왕실 가족들이 생활하는 공간이에요. 서울에는 경복궁, 창덕궁, 창경궁, 경희궁, 경운궁(현재의 덕수궁) 등 조선 시대의 궁궐이 많이 남아 있어요.

미리 왕의 밥상인 수라상을 살짝 엿볼까요? 수라상은
밥과 탕을 포함한 기본 음식과 열두 가지 반찬으로 차리는 12첩
반상이에요. 그릇은 계절에 따라 백자와 놋그릇, 은그릇을 바꾸어 가며
사용했지요. 숟가락과 젓가락은 항상 은으로 만든 것을 썼어요.
왜 그랬는지는 잠시 뒤에 알게 될 거예요. 또 왕의 식사를 차리는 밥상은
붉은색이었답니다. 밥상뿐만 아니라 왕실의 다른 가구들도 붉은 칠을
한 것이 많았어요. 조선 시대에는 붉은 칠을 귀하게 여겼거든요.
    왕실 생활에 대해 더 많이 알고 싶다면, 책장을 넘겨 보세요.

영친왕비 떨비녀

대통을 잇는 왕세자의 길

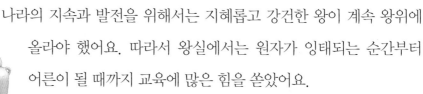

나라의 지속과 발전을 위해서는 지혜롭고 강건한 왕이 계속 왕위에 올라야 했어요. 따라서 왕실에서는 원자가 잉태되는 순간부터 어른이 될 때까지 교육에 많은 힘을 쏟았어요.

원자가 태어났어요

으뜸이 되는 아들인 원자가 태어나면 3일 혹은 7일째에 아기의 태를 씻어요. 깨끗한 물로 네 번 씻고 향기로운 술로 한 번 더 헹구지요. 씻은 태는 동전 한닢과 함께 백자 항아리에 담아요. 바로 태항아리예요. 조선 시대에는 양반이나 일반 백성 모두 아기의 태를 소중히 다루었지만 왕실에서는 더욱 각별했어요. 태는 태아에게 생명을 주는 것은 물론 태아의 일생에 미칠 좋고 나쁜 일을 비롯해 왕실과 나라의 운명과도 관련이 있다고 생각했거든요.

교육은 엄하게!

원자는 두세 살부터 자신의 신분에 맞는 말과 행동, 그리고 감정을 갖추도록 배워요. 다섯 살이 넘으면 읽기와 쓰기를 공부하지요. 스승이 먼저 읽어 주면 원자가 따라서 읽고 외우는데 이를 강학이라고 해요. 그래서 교실 이름도 '강학청' 이라고 불러요.

여덟 살 무렵이 되면 드디어 왕세자로 책봉돼요. 이때부터는 더욱 배움에 힘써야 해요. 왕세자는 무려 열 명도 넘는 선생님들로부터 가르침을 받아요.

명종 태항아리
조선 13대 왕인 명종의 태항아리예요.

명종의 태실 및 비
아기가 태어나면 태실을 만들고 그 안에 태항아리를 넣어요. 태의 주인이 왕이 되면 난간석을 두르고 비를 세우지요. 여기 보이는 태실은 1546년 명종이 왕이 되고 나서 새롭게 단장한 것이에요.

왕세자의 스승들
못 하는 것이 없어야 했던 왕세자는 스승만 열 명을 넘게 두었어요.

경전과 역사책을 중심으로 글공부를 하는 한편, 음악, 무용, 미술, 말 타기, 활쏘기 같은 예체능 공부도 게을리 하지 않았어요.

왕세자, 성균관에 입학해요

이제 유학을 더 깊이 공부할 때에요. 그런데 이에 앞서 치루어야 할 의식이 있답니다. 바로 성균관 입학식이에요. 성균관은 조선의 국립대학교로, 학생들이 유학을 공부하는 곳이에요.

입학식에서만큼은 왕세자도 학생의 신분이에요. 다른 학생들과 마찬가지로 아랫사람으로서 스승에게 절을 하고 세 번 청하여 가르침을 허락 받아요. 스승의 강의를 끝으로 입학식을 마치면 동궁으로 돌아와 신하들로부터 축하를 받았지요. 하지만 왕세자가 성균관에서 치른 입학식은 유교를 따르겠다는 상징적인 행사일 뿐, 성균관에 줄곧 다니지는 않았답니다.

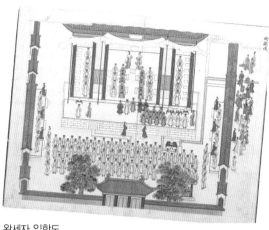

왕세자 입학도
순조의 맏아들 효명 세자가 여덟 살에 성균관에 입학하는 모습을 그렸어요. 장소는 성균관 대성전이에요. 지금 막 세자가 공자에게 술을 올리고 있어요.

죽간(왼쪽)과 경서통(오른쪽)
유교 경전을 외우거나 학습한 내용을 평가할 때 사용했어요. 경서통에 죽간을 가득 넣고 하나를 뽑아 적힌 글귀를 읽고 스승의 질문에 대답해야 했어요.

왕세자의 하루

왕세자라고 하면 편하고 호화로운 생활을 누렸을 것 같지만 사실은 그렇지 않았어요. 한 나라를 책임지는 군주가 될 왕세자였기에 매일같이 공부하고 또 공부해야만 했답니다. 왕세자의 하루를 잠깐 엿볼까요?

왕세자는 매일 아침 왕실의 어른께 문안 인사를 올리고 왕의 수라상을 살폈어요. 이를 마치면 동궁으로 돌아와 아침 식사를 한 뒤 공부를 하고, 점심 식사를 한 뒤 저녁까지 또 공부를 했지요. 저녁에 다시 왕께 문안을 드리고 수라상을 살핀 뒤 저녁을 먹고 잠자리에 들었답니다. 이렇게 열심히 공부하는 왕세자, 정말 대단하지요?

집중탐구

밤 / 저녁 식사 / 잠 자기 / 저녁 / 문안 드리기 / 문안 드리기 / 아침 / 아침 식사 / 오후 공부 / 아침 공부 / 점심 식사 / 점심

왕실 사람들의 생활 공간, 궁궐

 경복궁

조선 시대의 궁궐이에요. 태조 4년에 지었다가 임진왜란 때 타 버렸어요. 고종 4년에 고종의 아버지인 흥선 대원군이 다시 지었어요.

여기가 바로 경복궁이야!

왕실 사람들의 생활에 대해 알려면 궁궐을 빼놓을 수 없어요. 조선 시대의 대표 궁궐인 **경복궁**에 대해 알아보아요.

아래의 경복궁 그림을 보면 재미있게도 광화문에서 교태전에 이르는 문과 건물이 모두 일렬로 놓여 있어요. 경복궁의 중요 건물들은 이처럼 남북 방향으로 가운데에 나란하게 서 있답니다. 그 양옆으로 작은 건물들이 자리하고 있지요.

경복궁의 근정문을 열고 들어서면 넓은 마당이 펼쳐지고 웅장한 건물이 우뚝 서 있어요. 바로 근정전이에요. 나라에서 큰 행사가 있을 때 왕과 신하들이 모여 행사를 하는 곳이지요. 근정전 바로 뒤에는 왕이 신하들과 나랏일을 의논하는 사정전이 있어요.

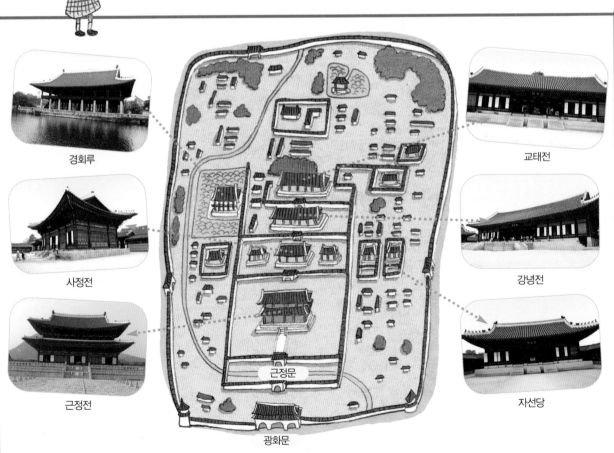

경회루

사정전

근정전

교태전

강녕전

자선당

근정문

광화문

사정전을 지나면 왕과 왕비가 머무는 강녕전과 교태전이 나와요. 이곳에서 왕과 왕비는 휴식을 취하기도 하고 가족이나 친척을 불러 연회를 베풀기도 했어요. 특히 교태전은 왕비의 침실이니만큼 궁궐의 가장 깊숙한 곳에 자리하고 있답니다.

쇠뿔 장식함

붉은 칠 자개 이층농

궁궐 오른쪽 부분에는 세자가 살며 공부했던 건물들이 있어요. 바로 동궁이에요. 동쪽에 있어서 이런 이름이 붙었지요. 세자는 '다음 왕이 될 사람이므로 떠오르는 해'라고 여겨 궁궐의 동쪽에 살았거든요.

왼쪽 부분에는 국가의 업무를 보는 각종 기관들이 있었어요. 조선 초기 유명한 연구 기관이었던 집현전이나 내의원, 승정원 등이 모두 이곳에 있었지요. 지금은 세종대왕 때 집현전이었던 수정전만 남아 있어요.

왕실의 화려한 가구

조선 왕실의 가구는 크고 화려하면서도 고급스러운 품위를 지니고 있어요. 바탕은 붉게 칠하고 무지갯빛 자개로 장식하지요. 또 투명한 쇠뿔을 얇게 펴서 그 안쪽에 다채로운 그림을 그려 꾸미기도 했어요. 이런 것을 화각기법이라고 해요.

여기서 잠깐! 어디에 있을까요?

국립고궁박물관의 〈조선의 궁궐〉에는 다양한 건축 관련 유물들이 전시되어 있어요. 아래 그림을 보면 각 유물들이 건물의 어디에 있는지 알 수 있지요. 그런데 잡상들의 위치는 표시가 되어 있지 않아요. 여러분이 찾아서 동그라미해 보세요.

잡상
잡상은 그 건물에 사는 사람을 보호해 주는 수호신이에요. 이 유물은 《서유기》에 나오는 삼장법사, 손오공, 사오정, 저팔계 등을 본떠 만든 조각이랍니다.

보개
궁궐의 정전이나 편전의 어좌 위에 있어요. 왕의 위엄을 상징하는 용이나 봉황을 조각해 장식했지요.

소맷돌 동물상
돌계단에 해태나 용을 조각하여 비스듬하게 올린 것을 소맷돌이라 해요. 보통 돌로 만들어 건물 밖에 놓는데 창덕궁에 보관되어 있던 이 소맷돌은 나무로 만들어진 점으로 보아 건물 안쪽 계단에 있던 것인 듯해요.

정답은 64쪽에

장금이표 수라상

와, 정말 상다리가 부러지겠네!

왕이 백성들의 살림살이와 지역의 특산물을 알기 위함이었대.

기미상궁
음식에 독이 있는지 미리 먹어 봐요.

소원반

수라상궁
식사 시중을 들어요.

책상반

대원반

수라상궁

수라상에는 어떤 음식들을 올렸을까요? 조선 시대 왕의 밥상인 수라상은 각 지방에서 올라온 좋은 재료로 차렸어요. 최고의 요리사들이 한껏 솜씨를 부려서 맛과 모양을 냈지요.

왕이 수라를 들 때에는 세 개의 상이 들어가요. 왕의 앞에 차리는 크고 둥근 상에는 흰밥과 탕을 포함한 기본 음식과 열두 가지 반찬을 올려요. 그래서 왕의 밥상을 12첩반상이라고 부르는 것이에요. 반찬으로는 편육, 회, 조림, 산적, 더덕, 나물, 생채, 장아찌, 젓갈, 포, 자반, 수란(달걀 흰자만 익힌 음식이에요.) 등을 골고루 번갈아 차렸어요. 왕이 큰 상에 차린 많은 음식을 먹는 데 불편하지 않도록, 수라상궁이 곁에 앉아 반찬을 집어 주는 등 시중을 들었답니다.

한쪽 옆에는 붉은 팥밥과 곰탕, 빈 접시 등을 올린 작은 둥근 상을 차렸어요. 그리고 그 앞에 앉은 상궁이 왕을 보호하기 위해 음식에 독이

 반상
밥상 하나에 차리는 음식의 종류를 뜻해요. 차려 내는 반찬의 수에 따라 3첩, 5첩, 7첩, 9첩, 12첩으로 나누지요. 12첩반상이 바로 왕이 받는 수라상이랍니다.

들었는지 검사를 했어요. 은으로 만든 빈 접시에 모든 음식을 조금씩 덜어 맛을 보았지요. 또 그 옆에서는 네모난 상에 채소와 달걀 등을 준비했다가 수라상궁이 즉석으로 전골을 만들어 왕에게 올렸어요.

왕은 이처럼 잘 차린 수라상을 아침 10시경과 저녁 5시경, 하루 두 차례씩 받았어요. 점심 때에는 간단한 장국상이나 다과상을 올렸지요. 12첩반상은 아무리 높은 양반이라 해도 받을 수 없었어요. 왕과 왕비만이 받을 수 있었답니다.

왕실의 화려한 그릇

그럼, 왕실에서 사용했던 그릇을 볼까요? 조선 왕실에서는 도자기를 많이 사용했어요. 그중에서도 주로 백자를 썼지요. 백자 중에 파란색 그림이 그려져 있는 것을 청화 백자라고 해요. 도자기의 그림은 궁중 도화서에 속한 화가들이 직접 그리기도 했답니다. 그래서 도자기의 무늬가 마치 한 폭의 멋진 그림과도 같아요.

은에는 독이 묻으면 변색되는 성질이 있어서 왕과 왕세자는 은그릇을 자주 사용하였어요. 그 외에도 화려한 유리, 칠보, 금제, 목제, 옥돌로 만든 그릇 등이 왕실 가족의 밥상 위에 올려졌답니다.

장국상
온면, 냉면, 칼국수, 떡국 등 국수를 올린 상차림이에요. 잔치 때와 평소 점심 때, 간단한 손님 접대용으로 차려 내지요.

다과상
과일, 과자, 떡, 화채 등을 올려요. 식사 사이에 혹은 후식으로 차리지요.

백자 주전자와 대접
왕실에서 사용했던 주전자와 대접이에요. 백자로 만들었어요.

청화 백자 용무늬 병
구름 속에서 노는 용을 그린 병이에요.

복숭아 모양 표주박
복숭아를 반으로 쪼갠 모양을 한 표주박이에요. 은으로 만들었어요.

은제 주전자
태양 속에서 산다는 전설의 새, 삼족오와 달에서 방아를 찧는 토끼가 새겨져 있어요.

왕실 가족은 멋쟁이

왕과 왕비, 그리고 세자는 각자의 신분과 법도에 맞는 옷을 입었어
요. 왕실의 위엄을 드러내기 위해 옷과 장신구에 화려한 색을 입히고
각양각색의 문양을 수놓았지요.

왕은 평소에는 붉은색 곤룡포를 입고 익선관을 썼어요. 큰 행사가
있을 때는 격식에 맞게 꾸민 검은색 구장복이나 강사포 등을 입었지
요. 구장복은 하늘과 땅의 최고 신을 맞이하기 위한 왕의 예복이에요.
종묘와 사직에 제사를 올릴 때, 즉위식이나 혼인식이 있을 때, 그리고
중국에서 온 사신을 맞이할 때 입었답니다.

왕비는 앞뒤가 긴 당의를 입고 생활했어요. 그러다 가례나 제사 등
행사에 참여할 때는 적의나 원삼을 입었지요. 적의에는 청·백·홍·
흑·황의 다섯 가지 색을 두루 갖춘 꿩 무늬를 장식했어요. 꿩의 다섯

왕과 왕비의 평상시 차림

익선관
곤룡포와 함께 쓴 모자예요.

곤룡포
평상시 나랏일을 볼
때 입는 옷이에요.

목화
바닥은 나무나
가죽으로 만들었어요.
장화와 비슷하게
생겼어요.

당의
궁중 여인들의 평상복이에요. 태평
성대를 상징하는 봉황 무늬 등 좋
은 뜻을 지닌 글자와 그림을 금박
으로 찍어 화려하게 꾸몄어요.

집중
탐구

색깔은 동·서·남·북과 중앙, 혹은 유교에서 사람이 꼭 지켜야 할 다섯 가지 도리인 인·의·예·지·신을 의미해요.

화려하고 세련된 꾸미개

왕실 여성들은 꾸미개로 치장했어요. 왕비는 자신의 머리카락에 가발을 합쳐 머리를 얹고 여기에 금, 은, 옥 같은 갖은 보석으로 꾸민 비녀를 꽂았지요. 머리 양옆에는 떨비녀를 달았어요. 떨비녀는 둥글고 납작한 옥 위에 진주와 호박을 꽃 모양으로 얹고 장식한 꾸미개예요.

또 다른 꾸미개로는 한복 저고리의 고름이나 치마허리에 다는 노리개가 있어요. 산호, 옥, 금과 같은 보석으로 갖가지 모양을 만들고 줄에 꿴 다음 매듭을 엮어서 낙지발술이나 봉술을 늘어뜨리지요. 그 밖에 노리개에 향을 넣은 향갑을 달거나 향을 구슬처럼 만들고 색을 칠한 줄향을 붙여서 은은한 향기를 풍기기도 했답니다.

왕실 여성들의 꾸미개

영친왕비 앞꽂이떨비녀

영친왕비 봉황옥비녀

영친왕비 떨비녀

왕과 왕비의 행사시 차림

떨비녀(◀)와 용비녀(▶)
영친왕비의 머리를 장식했던 용비녀와 떨비녀예요.

면류관
앞에 길게 늘어뜨린 것을 '류' 라고 해요. 왕이 나쁜 것을 보지 못하게 하는 의미가 있어요.

구장복
왕이 왕위에 오를 때나 종묘제례를 올릴 때, 왕비와 혼례를 치를 때처럼 중요한 행사 때 입었어요. 산, 용, 불꽃, 꿩, 종이(호랑이와 원숭이), 수초, 쌀, 도끼, 불(궁)자가 맞대어 있는 모습)의 아홉 가지 모양의 수를 놓았어요. 그래서 구장복이라 부르지요.

적의
1922년 영친왕비가 입었던 것으로 꿩 무늬가 있고 앞뒤로 금실로 수놓은 용무늬 보를 덧붙였어요.

집중탐구

과학 기술의 나라, 조선

　조선 왕실은 나라가 어느 정도 안정이 되자 백성들의 삶을 풍요롭게
하고자 온 힘을 기울였어요. 그러기 위해서는 무엇보다 과학 기술이
발달해야 했지요. 조선의 많은 왕들이 과학을 중요시하고 뛰어난 학자들을
격려했답니다. 그 덕분에 조선 시대에는 천문, 농업, 의학, 무기 제조와 같은
분야에서 빛나는 업적이 이루어졌어요.

　왕들이 가장 많이 신경을 쓴 분야는 뭐니뭐니 해도 농사였어요. 백성들이
잘 살려면 우선 배불리 먹을 수 있어야 하니까요. 농사를 잘 짓기 위해서는 하늘을
관찰하고 연구하는 학문, 바로 천문학이 중요했어요. 정확한 절기*에 맞추어

자격루

*절기 : 옛날에는 일 년을 스물네 개로
　나누어서 입춘, 경칩, 춘분과 같은 이름
　을 붙였어요. 이를 24절기라고 하지요.
　한 절기와 다음 절기 사이는 대략 15일
　이에요.
*안보 : '안전 보장'을 줄여서 이르는 말
　이에요.

농사를 짓고 날씨 변화에 대비를 해야 했으니까요. 더불어
우리나라의 땅과 기후에 맞는 농사 기술을 개발하는 일도 필요했지요.
　백성들의 안녕을 위해서 필요한 것이 농사 외에 또 무엇이
있을까요? 건강과 안보*예요. 조선 시대에는 우리의 고유한 약재와
치료법이 활발하게 연구·개발되어서 여러분도 잘 알고 있는
《동의보감》과 같은 의학 서적이 탄생했어요. 또한 다른 나라들로부터
나라를 지키기 위해 무기 개발에도 힘썼답니다.
　그럼, 조선의 과학 기술이 어느 정도였는지 자세히 알아보도록 해요.

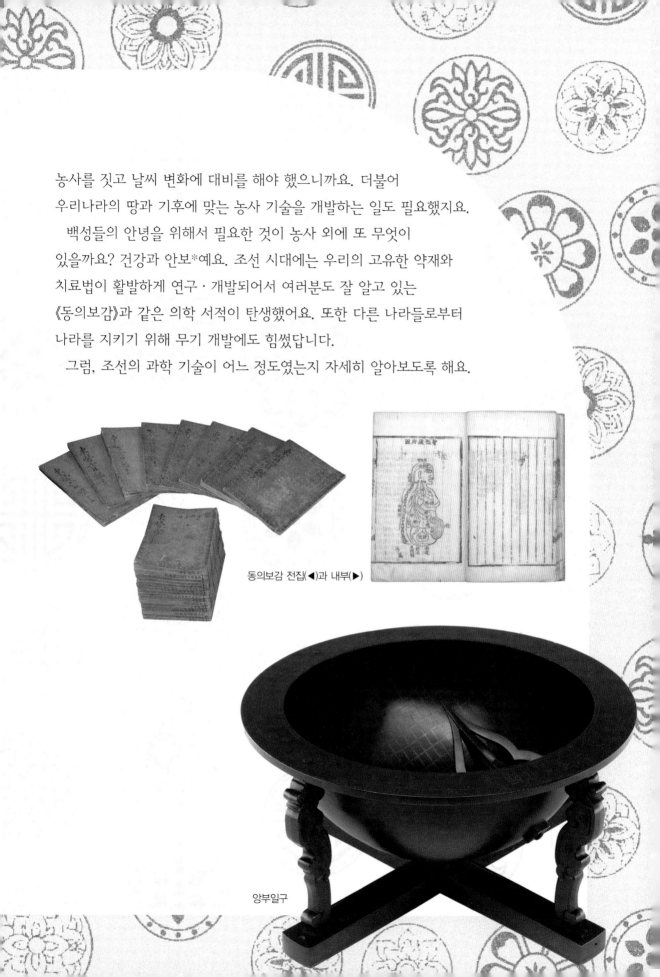

동의보감 전집(◀)과 내부(▶)

양부일구

왕의 학문, 천문학

관측
사람의 눈이나 기계로 자연 현상을 자세히 살펴보고 달라진 점을 재는 일을 말해요.

조선 시대 궁궐에는 천체를 관측하는 간의대가 설치되어 있었어요. 세종은 다섯 명의 신하에게 밤새도록 하늘을 관찰하라는 명령을 내리기도 했지요. 왕들은 왜 이렇게 하늘에 관심이 많았을까요?

우선 농업을 발전시켜 백성들이 잘 살게 하기 위해서였어요. 씨를 뿌리는 시기와 수확하는 시기를 정확히 알아야 농사를 잘 지을 수 있는데, 그러려면 해와 달이 어떻게 움직이고 있는지, 또 계절이 바뀜에 따라 별자리가 어떻게 달라지는지 등을 살펴야 했거든요.

또한 유교에서는 왕을 '하늘을 대신하여 백성을 다스리는 사람'이라고 생각했어요. 그러니 하늘에서 벌어지는 일들은 왕과 관련이 있다고 여겼어요. 혜성이 나타나면 하늘이 주는 경고라고 믿었지요. 조선 시대에 천문학은 왕이 반드시 알아야 할 필수 학문이었답니다.

혜성
가스 상태의 빛나는 긴 꼬리를 끌고 태양 주위를 도는 천체를 말해요.

조선을 세운 태조는 왕의 힘을 드러내기 위해 천문학을 이용했어요. 1395년에 천문관측기관인 서운관의 학자들로 하여금 돌에 별자리 지도를 새기게 했지요. 바로 〈천상열차분야지도각석〉이에요. 우리말로 풀이하면 '하늘의 형상을 십이차와 분야에 따라 그려 놓은 것'이에요.

천문도 윗부분에는 짧은 설명과 함께 별자리가 새겨져 있고, 아랫부분에는 천문도를 만든 배경과 과정, 만든 사람의 이름과 만든 때가 적혀 있어요.

세종과 측우기(◀)
세종 때인 1441년 8월, 세계에서 처음으로 빗물의 양을 재는 기구인 측우기를 발명했어요.

측우대(▶)
측우기를 올려놓는 대석이에요. 1782년 정조 때 가뭄이 심하자 비가 내리기를 바라는 마음으로 만든 것이에요.

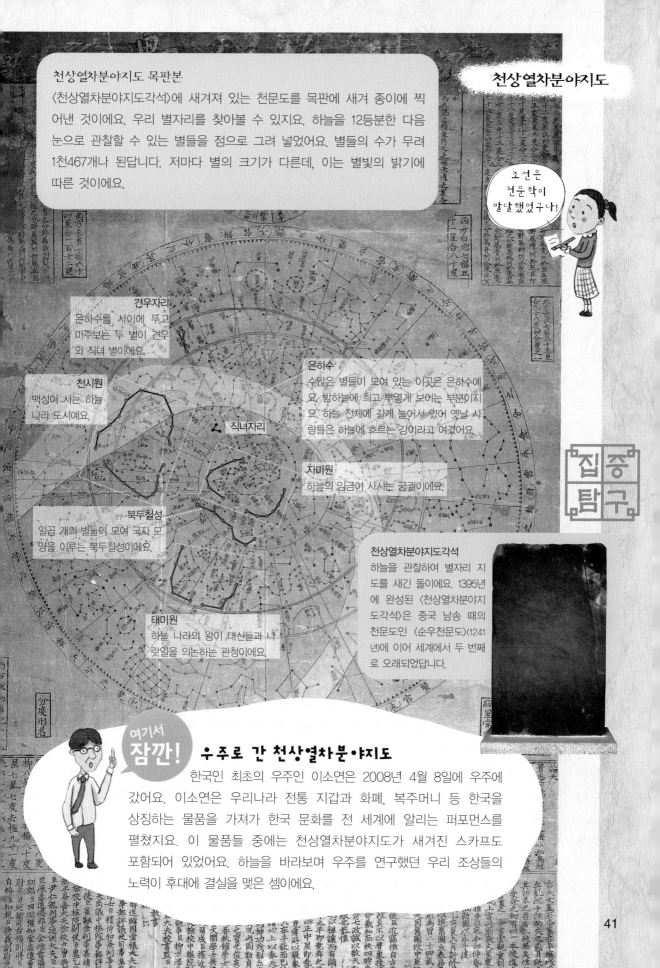

천상열차분야지도 목판본
〈천상열차분야지도각석〉에 새겨져 있는 천문도를 목판에 새겨 종이에 찍어낸 것이에요. 우리 별자리를 찾아볼 수 있지요. 하늘을 12등분한 다음 눈으로 관찰할 수 있는 별들을 점으로 그려 넣었어요. 별들의 수가 무려 1천467개나 된답니다. 저마다 별의 크기가 다른데, 이는 별빛의 밝기에 따른 것이에요.

조선은 천문학이 발달했었구나!

견우자리
은하수를 사이에 두고 마주보는 두 별이 견우와 직녀 별이에요.

천시원
백성이 사는 하늘 나라 도시예요.

직녀자리

은하수
수많은 별들이 모여 있는 이곳은 은하수에요. 밤하늘에 희고 뿌옇게 보이는 부분이지요. 하늘 천체에 길게 늘어서 있어 옛날 사람들은 하늘에 흐르는 강이라고 여겼어요.

자미원
하늘의 임금이 사시는 궁궐이에요.

북두칠성
일곱 개의 별들이 모여 국자 모양을 이루는 북두칠성이에요.

집중탐구

천상열차분야지도각석
하늘을 관찰하여 별자리 지도를 새긴 돌이에요. 1395년에 완성된 〈천상열차분야지도각석〉은 중국 남송 때의 천문도인 〈순우천문도〉(1241년)에 이어 세계에서 두 번째로 오래되었답니다.

태미원
하늘 나라의 왕이 대신들과 나랏일을 의논하는 관청이에요.

여기서 잠깐!

우주로 간 천상열차분야지도

한국인 최초의 우주인 이소연은 2008년 4월 8일에 우주에 갔어요. 이소연은 우리나라 전통 지갑과 화폐, 복주머니 등 한국을 상징하는 물품을 가져가 한국 문화를 전 세계에 알리는 퍼포먼스를 펼쳤지요. 이 물품들 중에는 천상열차분야지도가 새겨진 스카프도 포함되어 있었어요. 하늘을 바라보며 우주를 연구했던 우리 조상들의 노력이 후대에 결실을 맺은 셈이에요.

시간을 다스리는 왕

통제
어떤 목적에 따라서 행동을 제한하는 것을 말해요.

조선 시대에는 밤이 되어 성문을 닫는 시각(오후 6시)과 날이 밝아 성문을 여는 시각(오전 4시)에 북과 종이 울렸어요. 나라에서 백성들의 생활을 통제하여 질서를 지키고자 했거든요. 다시 말해 정확한 시간을 알려주는 것은 백성을 다스리는 방법이었던 셈이에요. 그럼 조선 시대에는 시각을 어떻게 알았는지 알아보아요.

발명왕 장영실

장영실은 관청의 노비였어요. 하지만 어려서부터 성 쌓기, 농기구와 무기 제작 등에서 솜씨를 뽐내었고, 결국 세종에게 인정을 받아 중국 유학을 다녀오지요. 장영실이 발명한 과학 기구로는 간의대, 대간의, 소간의 등 천체 관측 기구를 비롯해 앙부일구, 일성정시의, 옥루, 자격루, 수표 등이 있어요.

해시계 앙부일구

앙부일구는 '솥 모양의 해시계'라는 뜻이에요. 바늘의 그림자가 진 위치를 보고 시각과 절기를 알 수 있는 무척 편리한 시계이지요. 장영실, 정초와 같은 뛰어난 학자들이 열심히 연구하여 1437년에 완성하였답니다.

앙부일구가 완성되자 세종은 서울 종로의 혜정교(지금의 종로 1가)와 종묘의 남쪽 거리에 대를 쌓고 그 위에 설치하도록 했어요. 그래야 백

대
흙이나 돌을 높이 쌓아 올려서 어디서든 바라볼 수 있게 만든 곳을 가리켜요.

앙부일구

해의 그림자를 이용한 해시계, 앙부일구를 자세히 들여다볼까요?

영침
그림자 바늘이라는 뜻이에요. 영침을 북극을 향하게 하고 바늘 끝의 그림자가 놓인 세로선을 읽으면 시간을 알 수 있어요.

가로줄
24절기를 나타내는 선으로, 춘분과 추분같이 길이가 같은 절기를 빼고 13절기만 표시했어요.

세로줄
시각을 나타내는 선이에요. 해시계는 낮에만 사용할 수 있으므로 낮 시간을 알려 주는 일곱 개의 선만 표시했어요.

집중탐구

성들이 오고 가며 시간을 볼 수 있을 테니까요. 즉 앙부일구는 우리나라 최초의 공중 시계라 할 수 있어요. 또 글을 모르는 백성들도 쉽게 시간을 알 수 있도록 매 시간마다 쥐, 소, 호랑이와 같은 열두 동물을 그려 넣는 배려도 잊지 않았답니다. 이후 앙부일구는 궁궐이나 관공서뿐만 아니라 양반집에서도 쓰였어요.

밤에는
사용할 수 없는 앙부일구

물시계 자격루

해시계는 편리하긴 했지만 해가 지고 난 뒤에나 흐린 날에는 소용이 없었어요. 그래서 빛이 없어도 시간을 알 수 있는 물시계를 만들기로 했지요. 물시계는 물의 양에 따라 눈금을 새긴 잣대가 둥둥 떠오르는 것을 보고 시간을 읽기 때문에 언제든지 작동이 가능해요.

하지만 물시계로 시간을 알리려면 사람이 지키고 있다가 매 시간마다 종을 쳐야 했어요. 종을 치는 담당 병사가 졸기라도 하면 때를 놓치기 일쑤였지요. 이를 본 세종은 장영실에게 저절로 시간을 알려 주는 물시계를 만들도록 명했답니다. 그래서 지금의 자명종처럼 스스로 시간을 알리는 자격루가 만들어지게 되었지요.

자격루는 낮에나 밤에나 사용할 수가 있구나!

여기서 **잠깐!**

자격루의 뜻은?

조선 시대 물시계인 자격루의 이름은 어떤 뜻을 지니고 있을까요? 오른쪽 사진과 아래의 도움말을 보고 뜻을 한번 써 보세요.

자격루

 도움말
자 – 自 '스스로' 라는 뜻이에요.
격 – 擊 '치다' 라는 뜻이에요.
루 – 漏 '물시계' 라는 뜻이에요.

정답은 64쪽에

스스로 시간을 알리는 시계, 자격루

1. 맨 위에 있는 대파수호에서 일정한 속도로 물이 흘러나와요. 물은 배수관을 통해 중파수호와 소파수호를 차례로 거치고 기다란 원통 모양 항아리인 수수호 안으로 들어가요.

이 자격루는 장영실이 만들었던 자격루의 모양과 기술을 그대로 되살린 것이에요.

2. 수수호 속에는 잣대가 들어 있어요. 물이 차면 잣대가 떠올라 방목 안으로 들어가고, 방목에 있는 작은 구슬을 건드려요. 작은 구슬은 오른쪽에 있는 시각을 알리는 상자로 굴러가 큰 구슬을 건드리지요.

자격루는 매 시간이 되면 알아서 스스로 종을 친답니다. 지금이야 자명종이 흔하지만 옛날에는 정말 획기적인 기술이었어요. 과연 자격루는 어떤 원리로 작동하는 것일까요? 우선 물시계인 만큼 자격루는 물이 각 기계 장치로 흘러가면서 움직여요. 전체적인 틀은 물시계와 자동 시각 알림 장치 두 부분으로 이루어져 있지요. 여러 장치들이 정교하게 맞물려 꼬리에 꼬리를 물고 움직이는 모습을 한번 살펴볼까요?

시각을 알리는 상자

십이지신

시각을 알리는 상자의 안

3. 큰 구슬은 상자 안에서 움직이며 상자 위쪽의 인형을 움직여요. 그러면 사시신, 사경신, 사점신이라 불리는 인형들이 각각 종과 북과 징을 두드려 울리지요.

4. 종이 울리면 시각을 알리는 상자 속에 든 열두 가지 동물이 작은 구멍으로 튀어 나와요. 국립고궁박물관의 자격루에서는 시각을 쓴 나뭇조각을 손에 쥔 인형(십이지신)이 나와서 시간을 알려준답니다.

왕의 건강을 살피는 의학

경혈을 나타낸 인체상
침 놓을 자리를 정확히 알 수 있도록 사람 몸에 흐르는 경혈 자리를 그려 놓은 동상이에요. 경혈이란 한의학에서 기운과 피가 지나가는 길을 말해요.

나라의 가장 윗사람인 왕의 건강은 매우 중요했어요. 만약 왕이 아파 나랏일을 돌보지 못하면 나라가 평화로울 수 없을 테니까요. 그래서 궁궐에는 왕의 건강을 책임지는 내의원이 따로 있었어요. 내의원은 최고의 의원들로 이루어진 왕실 전용 병원이었지요. 내의원의 의원들은 왕이 일어나는 시간에서부터 낮잠 자는 시간, 저녁에 잠자리에 드는 시간은 물론 왕이 볼일을 본 횟수와 시간까지 꼼꼼하게 살폈어요.

또한 조선 시대에는 우리 고유 약재에 대한 연구가 활발히 이루어졌어요. 세종 때는 고유 약재로 한약을 짓는 방법이 담긴 《향약집성방》과 의학 백과사전인 《의방유취》를 편찬하였어요. 그리고 선조와 광해군 때 내의원 의원이었던 허준은 《동의보감》을 썼어요. 모든 병의 증상을 나누고 치료 방법을 자세히 기록하였지요. 병에 따라 민간에 전해지는 치료법과 자신이 스스로 찾은 치료법까지 덧붙였기 때문에 그 내용이 아주 충실해요. 《동의보감》은 가치를 인정 받아 일본과 중국에도 소개되었어요.

이렇게 의학이 발전하면서 조선 시대에는 질병에 걸려 죽는 사람이 크게 줄어들었고 인구가 증가하였답니다.

《동의보감》
허준이 선조의 명을 받아 중국과 우리나라의 의학 서적을 하나로 모아 쓴 책으로, 1611년에 완성되었어요.

약장
약을 보관하는 장으로, 다양한 약재를 손쉽게 찾도록 서랍마다 약재의 이름을 적어 두었어요.

나라를 구하는 무기

조선은 중국과 일본 등 다른 나라의 침략을 받기도 했어요. 나라와 백성을 지키기 위해서는 뛰어난 무기가 필요했지요. 임진왜란(1592년)이 일어났을 때 이순신 장군이 이끄는 수군이 계속 승리를 거두었던 것도 조선이 직접 개발한 천자총통, 지자총통, 현자총통과 같은 큰 화포들과 비격진천뢰와 같은 무기가 있었던 덕분이에요.

또 좋은 무기를 외국으로부터 들여오기도 했어요. 호랑이 모양의 대포인 호준포와 포탄을 바꾸어 넣는 시간을 대폭 줄인 불랑기 등을 명나라로부터 수입했지요. 불랑기는 임진왜란과 신미양요(1871년) 때 나라를 구하는 데 큰 역할을 하였어요.

적에게 직접 사용하는 무기는 아니지만 적을 물리치고 복을 불러들이는 힘을 지닌 칼도 만들었어요. 대표적인 칼이 네 마리 호랑이를 뜻하는 사인검이에요. 호랑이 해의 호랑이 달, 호랑이 날의 호랑이 시(새벽 3~5시)를 기다렸다가 만들기 시작했지요. 옛날 사람들은 호랑이가 나쁜 기운을 물리친다고 믿었기 때문이랍니다.

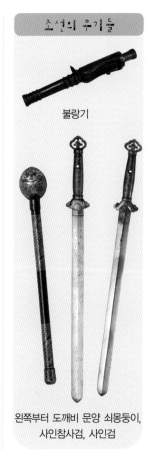

조선의 무기들

불랑기

왼쪽부터 도깨비 문양 쇠몽둥이,
사인참사검, 사인검

비격진천뢰의 작동 원리

비격진천뢰는 임진왜란 때 이순신 장군의 거북선과 함께 매우 중요한 역할을 한 무기예요.
'하늘을 진동하는 소리'를 낸다고 해서 이런 이름을 붙였지요.
오늘날의 포탄과 같은 것으로, 적진에 떨어져 큰 소리와 함께 폭발해요.

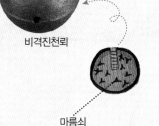

비격진천뢰

마름쇠

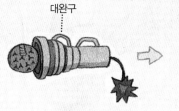

대완구

① 마름쇠가 들어 있는 비격진천뢰를 대완구에 넣어요.

② 대완구에 불을 붙여 발사해요.

③ 비격진천뢰 안에 들어 있던 마름쇠가 쏟아져 나와 적을 공격해요.

집중탐구

왕실의 예술과 문화

　조선 왕실에서는 왕실의 위엄을 드러내고 백성을 다스리는 데 문화와 예술을 잘 이용하였어요. 왕실의 번영을 비는 그림을 그려 병풍을 만드는가 하면, 백성들의 심성*을 바르게 하는 음악을 짓기도 했지요. 또 궁궐에 전문 화가들을 두어서 왕실에서 사용하는 물건 하나를 장식하는 데에도 소홀함이 없게 하였어요.

　궁궐의 화가들이 하는 일을 더 살펴볼까요? 왕의 초상화를 그리는 것은 물론이고 왕실의 행사를 그림으로 기록하고 책에 선을 긋는 일도 하였어요. 또 도자기나 함을 장식하고 병풍 그림도 그렸지요. 오늘날 남아 있는 어진*과 왕실의 장식화, 기록화 등이 모두 이들의 솜씨랍니다.

일월오봉도　　　　　　　　영조 어진

* 심성 : 타고난 마음씨를 뜻해요.
* 어진 : 임금의 초상화를 가리켜요.
* 윤리 : 사람으로서 마땅히 지켜야 하는 도리를 뜻해요.

또한 궁궐에서는 각종 의례가 있을 때마다 그에 맞는 음악을 연주하도록 했어요. 자연 그대로의 소리를 중요시한 궁중의 음악은 백성들의 음악에도 많은 영향을 미쳤고, 이는 백성들의 윤리*와 도덕 의식을 북돋우는 데 큰 도움이 되었답니다.

수준 높은 조선의 문화와 예술에 있어서 왕 또한 그 누구에게도 뒤처지지 않았어요. 글짓기와 글씨 쓰기, 그림 그리기 등 두루두루 훌륭한 실력을 갖추고 있었지요. 조선의 여러 왕들이 남긴 많은 글과 그림 작품들에서 실력을 엿볼 수 있답니다.

헌종인장

《열성어필》

편종

왕을 그린 그림, 어진

왕의 성품을
나타내어야
훌륭한 어진이지.

철종 어진
조선의 25대 왕이에요.

연잉군 초상
영조가 연잉군 시절인 스
물한 살 때의 모습이에요.

영조 어진
조선의 21대 왕인
영조예요. 탕평책과
균역법을 실시하고
신문고를 부활해서
나라를 바로 세우고
자 노력했지요.

어진은 모두 어디에?

조선 시대에는 어진이 낡거나
훼손되면 다시 똑같이 그려서
보존했어요. 하지만 이렇게 지켜 온
어진들이 안타깝게도 여러 차례의
전쟁을 거치며 손실되고 말았어요.
현재 남은 어진은 4점이에요.
전주 경기전에 태조 어진 1점,
국립고궁박물관에 철종 어진 1점과
영조 어진 2점이 있지요. 그중
영조의 연잉군 시절 초상화와
철종의 어진은 불에 타서 절반만
볼 수 있답니다.

조선 시대에는 왕의 초상화를 그리고 이것을 어진이
라고 했어요. 왕의 모습을 실제와 똑같이 그렸다는 뜻
이에요. 어진은 나라의 그림을 그리는 도화서의 화원들
중에서도 최고의 화원만이 그릴 수 있었답니다. 어진을
그릴 때는 왕의 수염 한 올, 곤룡포의 무늬 하나까지도
똑같이 그리기 위해 노력했어요. 하지만 겉모습뿐 아니
라 왕의 인품과 위엄까지 나타내야만 정말 잘 그렸다는
칭찬을 받을 수 있었지요.

왕이 세상을 떠난 뒤에는 어진이 왕을 대신하였어요.
마치 왕을 모시듯이 어좌에 올려놓고 뒤에는 일월오봉

왼쪽 위부터
일월오봉도, 모란병풍도,
책가도, 십장생도

도 병풍을 둘렀지요. 바닥에는 온돌을 깔아 따뜻하게 하고 끼니마다 음식을 차려서 올리기도 했어요. 이렇듯 정성스럽게 어진을 모신 것은 조상들에게 효를 다하고자 했기 때문이에요.

왕실의 병풍들

왕의 자리 뒤에는 반드시 일월오봉도 병풍을 펼쳤어요. 해와 달, 우뚝 선 다섯 개의 산봉우리와 푸른 소나무가 있고 봉우리 사이에서 두 줄기 폭포가 힘차게 떨어지는 그림이에요. 해, 달, 봉우리, 소나무, 물은 모두 왕실의 번영을 나타내지요. 꽃이 크고 화려한 모란을 그린 병풍은 왕실의 혼례나 제사 등 여러 행사에 쓰였어요. 또 장수를 뜻하는 열 가지, 즉 해, 구름, 산, 물, 소나무, 거북, 사슴, 학, 복숭아, 불로초(영지) 등을 그린 십장생 그림 병풍의 경우 왕실 어른의 회갑 잔치에 많이 사용되었지요. 그 밖에 책이 가득 꽂힌 책꽂이를 그린 병풍은 학문에 힘쓰기를 바라는 뜻을 담아 세자에게 내려 주었답니다.

모란은 왕실을 상징하는 꽃이었대.

51

왕실에 잔치가 열렸네

화원들은 그림을 그리고, 나는 카메라로 촬영하고!

조선 시대 궁궐에서는 원자가 태어나거나 왕세자가 혼례를 올리는 등 경사스러운 일이 있을 때 큰 잔치를 베풀었어요.

그럼, 왕실의 잔치를 구경해 볼까요? 〈효정 왕후 고희축하잔치도〉는 고종이 대왕대비인 효정 왕후가 71세가 된 것을 축하하며 베푼 잔치를 그린 그림이에요. 마치 높은 곳에서 내려다보는 것처럼 그려져 있어 잔치가 열리는 모습을 한눈에 볼 수 있어요. 자세히 보면, 잔치의 주인공인 대왕대비의 자리가 있고 그 앞에 음식이 차려져 있어요. 곳곳에 꽃을 가득 꽂은 꽃병도 보여요. 뜰에서는 악사들이 음악을 연주하고 가인전목단, 학무 등 여러 가지 춤을 추어 흥을 돋우지요.

카메라보다 더 정확한 우리 화원들의 그림 솜씨를 보여 주겠소.

잔치 장면을 그리는 화원들
잔치가 열리면 도화서 화원들은 그 광경을 그림으로 그렸어요. 다 그린 그림은 두루마리나 병풍으로 만들어 보관했지요.

가인전목단
붉은 옷을 입고 머리에는 금봉관과 모란 꽃을 꽂은 열 명의 사람이 편을 짜서 추는 춤이에요. 무대 중앙에는 활짝 핀 모란을 꽂은 꽃병을 두지요.

학무
학춤이라고도 해요. 학의 탈을 쓰고 학의 행동을 표현하지요. 고려 때부터 전하는 춤으로, 궁중 행사나 의식에서 많이 추었다고 해요.

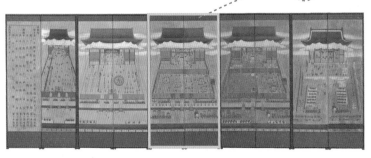

〈효정 왕후 고희축하잔치도(1901)〉
열 폭짜리 병풍이에요. 3일 밤낮으로 열린 효정 왕후의 고희, 즉 일흔 번째 생일 축하 잔치를 아홉 폭에 담았어요. 왼쪽 마지막 폭에는 행사를 준비한 관리들의 이름이 기록되어 있어요.

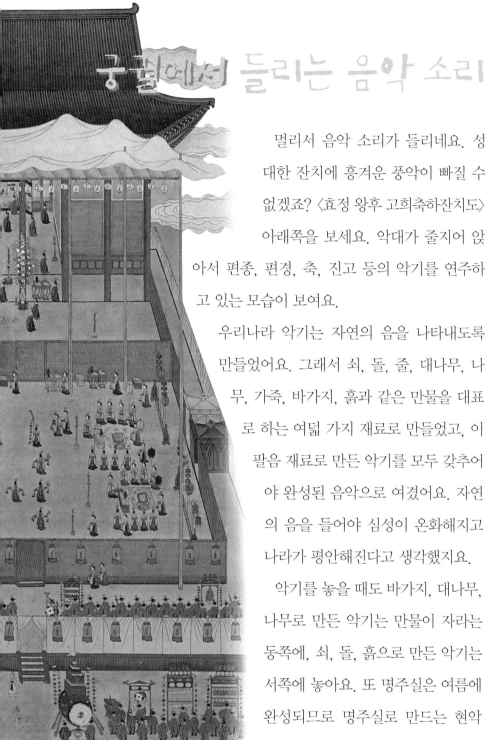

궁궐에서 들리는 음악 소리

멀리서 음악 소리가 들리네요. 성대한 잔치에 흥겨운 풍악이 빠질 수 없겠죠? 〈효정 왕후 고희축하잔치도〉 아래쪽을 보세요. 악대가 줄지어 앉아서 편종, 편경, 축, 진고 등의 악기를 연주하고 있는 모습이 보여요.

우리나라 악기는 자연의 음을 나타내도록 만들었어요. 그래서 쇠, 돌, 줄, 대나무, 나무, 가죽, 바가지, 흙과 같은 만물을 대표로 하는 여덟 가지 재료로 만들었고, 이 팔음 재료로 만든 악기를 모두 갖추어야 완성된 음악으로 여겼어요. 자연의 음을 들어야 심성이 온화해지고 나라가 평안해진다고 생각했지요.

악기를 놓을 때도 바가지, 대나무, 나무로 만든 악기는 만물이 자라는 동쪽에, 쇠, 돌, 흙으로 만든 악기는 서쪽에 놓아요. 또 명주실은 여름에 완성되므로 명주실로 만드는 현악기는 여름을 상징하는 남쪽에, 가죽은 겨울에 이루어지는 것이기 때문에 가죽으로 만든 악기는 북쪽에 놓지요. 색깔을 입혀 만든 악기의 경우 흰 빛깔을 띠는 어는 서쪽에, 푸른 색의 축은 동쪽에 둔답니다.

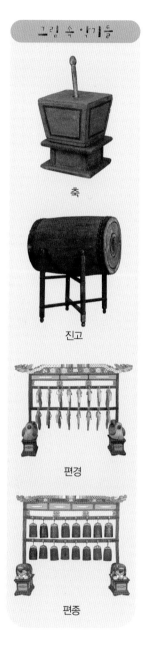

그림 속 악기들

축

진고

편경

편종

팔방미인 왕의 취미 생활

유학을 바탕으로 한 조선은 그 어느 나라보다 학문을 중요하게 여겼어요. 그래서 왕은 왕세자 시절 열심히 공부하는 것은 물론이고, 왕이 되고 나서도 하루 세 차례의 경연을 통해 당대 최고의 학자로들부터 교육을 받았답니다. 온 나라의 수장이 되려면 왕 자신이 뛰어난 학자가 되어야만 했지요.

하지만 왕들이 공부만 했던 것은 아니에요. 조선의 많은 왕들은 예술을 사랑하고 실천했답니다. 문화와 예술을 장려했을 뿐 아니라 직접 표현하는 데에도 다른 예술가들에 뒤지지 않았어요. 왕들의 고상한 취미 생활을 잠시 살펴볼까요?

그림을 수집하고 감상하는 것은 기본이었어요. 더 나아가서 그림 옆에 직접 글을 쓰거나 매화, 난초와 같은 사군자를 그리기도 했지요. 또 힘써 연마한 학문을 예술적으로 표현하는 일에도 열심이었어요. 글 읽기와 짓기를 통해 익히고 또 드러냈지요. 유명한 학자와 문인의 글을 감상하기도 하고 직접 시를 짓기도 하면서 말이에요. 특히 영조는 수많은 시와 글을 남겼답니다. 신하들을 후원에 불러 시 한 수씩을 주고받으며 여가를 즐기는 왕들도 있었지요.

글짓기와 더불어 글씨 쓰기도 중요한 취미 생활이었어요. 조선 시대에는

《열성어필》

🦋 **수장**
위에서 중심이 되어 집단을 통솔하는 사람을 뜻해요.

🦋 **사군자**
매화, 난초, 국화, 대나무를 그린 그림을 말해요.

🦋 **후원**
집 뒤에 있는 정원이나 작은 동산을 가리켜요.

조선의 왕들은 종종 신하들과 어울려 시를 짓고 읊었어요. 이는 왕이 공부한 학문의 깊이를 드러내고 여가를 즐기는 한 방법이었답니다.

글씨 쓰기를 정신과 마음의 표현이라 생각했거든요.
훌륭한 글씨를 쓰기 위해서는 그 바탕이 되는 올바른
정신을 기르는 것이 우선이었기 때문에 일상의 작은
일에도 최선을 다하도록 노력했지요. 동시에 틈틈이 옛 성현의
말씀과 문인들의 글을 따라 써 보면서 글씨 쓰기 실력을 쌓았어
요. 이렇게 쓴 왕의 글씨는 모아서 책으로 펴냈답니다. 이 책을 '역대
왕의 필적을 모은 책', 곧 《열성어필》이라고 불러요.

헌종 인장
헌종이 썼던 인장으로 '만 가
지도 넘는 왕의 바쁜 정사 중
에 잠시 쉬는 겨를'이라는 의
미의 만기여가(萬幾餘暇)라는
글씨가 새겨져 있어요.

조선의 왕들 가운데 특히 헌종은 그림과 인장을 수집하고 감상하는
것을 좋아했어요. 수집한 문인들의 글씨와 그림, 그리고 인장들은 자
신이 생활하는 창덕궁 낙선재 뒤편에 있는 승화루에 보관했지요. 특히
자신이 사용했던 인장들을 찍어 《보소당인존》이라는 책으로 엮기
도 했어요.

그 밖에 왕의 취미 활동으로는 사냥, 서민들에게도 널리
인기를 끌었던 격구와 투호 등이 있었고 온천욕을 즐긴
왕들도 많았다고 해요.

여기서 잠깐!

왕이 지은 시를 감상해요.

조선 19대 왕인 숙종은 사직단 옆에
심어져 있는 소나무를 보고 아래의 시를 지었어요.
시를 읽고 느낀 점을 적어 보세요.

_____

_____

정원가에 소나무
얼마나 오래되었느냐.
뿌리는 하나인데
가지 뻗어 아홉이라.
영원히 사는 사람 없는데
늙지 않는 것이 어찌 있으랴.
차가운 기운을 견디는 너의 절개를 부러워하노니
재실에서 하루 종일 소나무를 벗 삼아 논다.

☞ 예시 답은 64쪽에

숙종이 사직단 옆
소나무를 보고 읊은 시

55

도화서 화원들은 무슨 일을 했을까?

조선 시대 궁궐에서 그림을 담당한 곳을 도화서라고 해요. 도화서에서 일하는 화가들을 화원이라고 부르지요. 모두 40여 명이 있었어요. 화원은 엄격한 시험을 통해 뽑았기 때문에 하나같이 그림 솜씨가 뛰어난 사람들이었어요. 시험 과목으로는 대나무, 산수, 인물, 화초, 동물화가 있었고 이 중 두 가

병풍 그리기

초상화 그리기

보조선 긋기

책에 줄을 긋는 일까지 모두 화원들이 맡아 했구나!

지를 시험해 선발하였답니다. 유명한 화원으로는 우리나라의 자연 풍
경을 그린 김홍도가 있어요.

화원들은 많은 일을 했어요. 붓으로 줄을 긋고 색칠하는 일은 모두
화원들 담당이었지요. 왕의 초상화를 그리는 일부터 어보, 어책을 만
들 때 조각한 글씨에 금가루를 메우는 일, 왕실에서 사용하는 도자기
에 그림을 그리는 것까지 모두 화원들이 맡은 일이었어요.

화원들의 정성은 아름다운 그림과 기록물, 그리고 물건들로 남아 있
어요. 덕분에 지금 우리가 조선의 예술적인 수준에 자부심
을 느낄 수가 있지요.

김홍도의 풍속도
김홍도는 조선 시대 화원 출신의
뛰어난 화가였어요.

가마에 그림 그리기

지도나 궁궐도 그리기

도자기에 그림 그리기

국립고궁박물관을 나서며

　어느 나라에서든 왕실의 유물은 그 시대의 문화를 대표해요.
가장 뛰어난 솜씨를 지닌 예술가들과 장인들이 최고의 재료와 자부심을
가지고 만든 물건들이니까요. 국립고궁박물관에 전시된 조선 왕실의
유물도 마찬가지랍니다. 세계적으로도 드물게 오래, 무려 500년 간이나
이어진 조선 왕조의 찬란했던 문화를 잘 보여 주고 있지요.
　사실 조선 왕실의 유물들은 일제 강점기와 한국 전쟁을 거치며
수난을 겪었어요. 왕의 초상화인 어진도 한국 전쟁 때 어렵게 부산까지
옮겼지만 안타깝게도 끝내 불에 타 버리고 말았지요. 또한 왕실 유물들이
나라 밖으로 빠져나가 다시 돌아오지 못하고 있는 경우도 많아요.

하지만 어려운 상황 속에서도 많은 사람들이 노력한 결과,
수만 점의 유물이 살아남았어요. 그리고 전쟁이 끝난 뒤 사람들의
생활이 안정되자 유물들에게 집이 생겼어요. 나라에서 허물어진
궁궐을 다시 짓고, 여기 저기 흩어져 있던 왕실의 유물을 한데 모아
궁중유물전시관을 열었거든요.

그 뒤, 옛 국립중앙박물관 자리에 지금의 국립고궁박물관이 들어섰어요.
더 넓은 공간에서 더 많은 유물을 만날 수 있게 된 것이에요. 이제 언제든
박물관에 오면 왕실 문화를 마음껏 체험할 수 있어요. 왕실 유물과의
만남을 통해 역사와 문화를 바라보는 눈높이를 한층 높여 보세요.

나는 국립고궁박물관 박사!

국립고궁박물관 체험을 모두 마쳤어요. 어떤 유물이 가장 인상 깊었나요? 미리 책을 보고 박물관을 돌아 본 친구들은 훨씬 많은 것을 얻을 수 있었을 거예요. 다음 문제들을 풀면서 오늘 체험하고 배운 것들을 다시 한번 정리해 보도록 해요.

1 O, X로 답해 보세요.

다음은 태항아리와 관련된 설명이에요. 설명이 바르게 된 것은 O, 그렇지 못한 것은 X표 하세요.

명종 태항아리
조선 13대 왕인 명종의 태항아리예요.

(1) 왕실에서는 아기가 태어나면 태항아리에 금칠을 해서 보관했어요. (　　　)

(2) 태항아리에는 태아의 태를 담았어요. (　　　)

(3) 태항아리에는 아기의 탄생을 기념하기 위해 꽃을 꽂았어요. (　　　)

(4) 태항아리는 태실이라는 곳에 소중하게 보관했어요. (　　　)

(5) 태항아리에는 동전을 넣었어요. (　　　)

2 알맞은 말을 써 보세요.

(1) 조선 시대에는 왕이 한 모든 일들을 이 책에 적어서 중앙과 지방의 여러 창고에 나누어 보관하였어요. 이 책은 무엇일까요?

(　　　　　　　)

(2) 전국 각지에서 올라온 좋은 재료로 최고의 맛과 모양을 낸 음식들로 차린 조선 시대 왕의 밥상을 무엇이라고 부르나요?

(　　　　　)

(3) 대한제국 황실의 문장은 무엇일까요? (　　　　　　)

③ 의복의 이름을 적어 보세요.

조선 시대에는 유교의 가르침에 따라 모든 사람들이 자신의 신분과 역할에 맞는 차림을 하고 다녔어요. 그중에서도 왕과 왕비는 엄격한 격식에 따라 옷을 입었지요. 아래 그림은 왕과 왕비의 평상시 차림새를 나타낸 것이에요. 각 의복의 이름을 기억하나요? 한번 적어 보세요.

(　　　　)

(　　　　)

(　　　　)

(　　　　)

④ 알맞은 유물을 골라 보세요.

다음은 왕실에서 제례를 올릴 때 사용했던 제기들이에요. 사진 중에서 향을 피우는 향로는 어떤 것인지 동그라미해 보세요.

보기

☞ 정답은 64쪽에

사대문 안 궁궐 돌아보기

서울에는 조선 시대의 궁궐들이 많이 남아 있어요. 모두 국립고궁박물관에서 그리 멀지 않은 곳에 있답니다. 가장 가깝게는 박물관 문을 나서면 바로 옆에 경복궁이 있지요. 조선 왕실 문화가 펼쳐졌던 현장, 궁궐에 가 보는 건 어떨까요? 그런 다음 궁궐을 돌아보면서 느낀 점과 배운 점들을 정리해 놓으면 나만의 멋진 궁궐 답사 책이 만들어질 거예요.

나만의 궁궐 답사기 쓰는 방법

1. 가 보고 싶은 궁궐을 정해요. 예) 경복궁
2. 경복궁에 관해 미리 조사해요. 예) 신나는 교과서 체험학습 〈경복궁〉 편
3. 카메라와 필기도구 등을 가지고 경복궁에 가요.
4. 궁궐의 곳곳을 둘러보며 사진도 찍고 느낀 점을 적어요.
5. 집에 돌아와서 사진과 필기한 것을 바탕으로 답사기를 써요.

희주의 궁궐 답사기

제1호. 경복궁

다녀온 날 : 2008년 6월 28일
날씨 : 맑음

주말에 경복궁에 지하철을 타고 엄마와 이모와 다녀왔다. 그리고 요즘 집들과 옛날 옛날에 왕과 왕비가 지내던 곳이라 무척 재미있었다. 우리 말은 이와 다르기도 하였다. 아주 넓어서 다리가 조금 아프기도 했다. 지난번에 텔레비전에 나온 사람들이 많았다. 경복궁을 구경하다 보니 정말 불조심을 하여서 경복궁에는 고요 구경오는 특별난 것이 생각이 났다. 정말 불조심을 하고 싶다고 엄마에게 말했다. 남대문에서 났었던 것이 다음에 다시 한 번 더 오고 싶다고 있다는 이야기를 들었다. 서울에는 경복궁도 있고 다른 궁도 여러 곳이 다른 곳들도 모두 가 보았으면 좋겠다.

서울의 궁궐

경복궁

600여 년 전, 태조는 '조선' 이라는 나라를 세웠어요. 그리고 지금의 서울에 경복궁을 짓고 수도로 삼았지요. 조선 시대 궁궐을 대표하는 경복궁에서 우리의 역사와 문화를 느껴 보세요.

덕수궁

원래 세조의 큰손자가 살던 집이었어요. 그런데 선조 때 임진왜란이 일어나 왕이 피난을 갔다가 돌아와 보니 궁궐이 모두 망가져 있었어요. 그래서 가장 온전했던 이곳을 궁궐로 삼게 되었답니다.

창경궁

성종 때 지었어요. 할아버지인 세조와 아버지 덕종, 작은아버지 예종의 왕후가 모두 살아 있어서 이들을 위해 지은 궁궐이에요. 일제 강점기에 공원으로 쓰이다가 1983년에 이름을 되찾았어요.

창덕궁

태종 때인 1405년에 지었는데 여러 차례 불이 나는 바람에 다시 고쳐 지어야 했어요. 그럼에도 불구하고 원형이 잘 남아 있어서 1997년에 유네스코 세계문화유산으로 등재되었지요. 후원의 경치가 아름답기로 유명해요.

경희궁

광해군 때 세웠어요. 당시에는 경덕궁이라고 불렸는데 영조 때 경희궁으로 이름을 바꾸었지요. 불에 타기도 하고 일본인이 건물을 옮기기도 했어요. 1988년에 복원이 시작되었답니다.

운현궁

운현궁은 사실 궁궐은 아니고 고종의 아버지인 흥선 대원군의 집이에요. 고종이 이곳에서 어린 시절을 보냈지요. 흥선 대원군의 권력이 강했던 때는 궁궐 못지 않게 규모가 컸고, 창덕궁과 바로 통하는 문도 있었다고 해요.

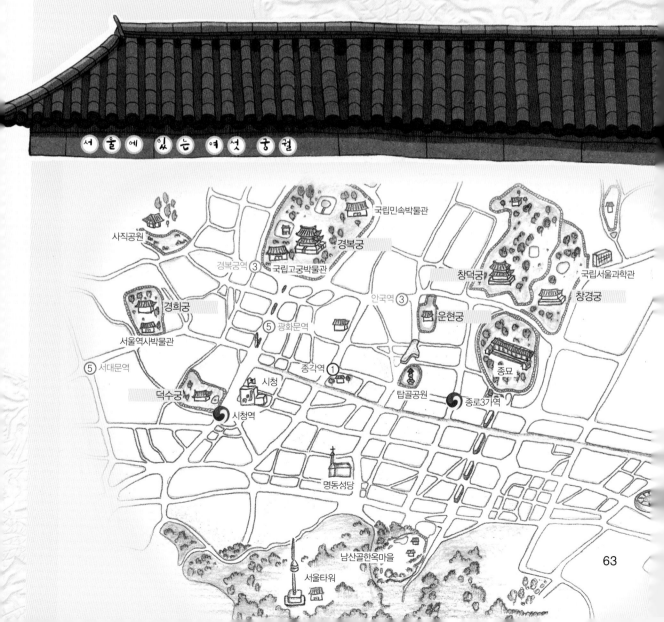

서울에 있는 여섯 궁궐

여기서 잠깐!

14쪽

21쪽 선생님과 부모님을 공경해요.

33쪽

43쪽 <u>스스로 종을 치는 물시계</u>

55쪽 왕도 늙는 것을 걱정하는 점이 보통 사람과 마찬가지인 것 같아 친근감이 든다.

수고했어요!

나는 국립고궁박물관 박사!

❶ O, X로 답해 보세요.
① (X)
② (O)
③ (X)
④ (O)
⑤ (O)

❷ 알맞은 말을 써 보세요.
① (조선왕조실록)
② (수라상)
③ (오얏꽃)

❸ 의복의 이름을 적어 보세요.

(익선관)

(곤룡포)

(목화)

(당의)

❹ 알맞은 유물을 골라 보세요.

사진

국립고궁박물관 p3(국립고궁박물관 전경), p10(어좌, 일월오봉도), p11(태조옥책, 태조금보, 정조교명), p13(국조보감, 선원록, 영정모사도감의궤), p14(경운궁 현판, 순종 황제 즉위기념메달, 순종 황제 혼인기념메달, 구한말 우표), p15(대한 제국 궁궐 내부, 순종 황제 어차와 내부), p24(신주, 코끼리 모양 술동이, 향로, 보), p25(종묘 신실 내부), p27(연), p27-28(수원 화성 행차도), p28(교룡기, 백호기, 북두칠성기, 주작기, 금월부, 봉황 부채, 금작도), p30(태항아리, 태실 및 비), p31(왕세자 입학도, 죽간과 경서통), p32(근정전), p33(쇠뿔 장식함, 붉은칠 자개 이층농, 잡상, 보개, 소맷돌 동물상), p36(노리개 모두, 익선관, 곤룡포, 목화, 당의), p37(떨비녀와 비녀 모두, 적의), p40(측우대), p41(천상열차분야지도 목판본, 천상열차분야지도각석), p42(앙부일구), p43(자격루), p44-45(자격루), p46(경혈을 나타낸 인체상, 동의보감, 약장), p47(불랑기, 도깨비 문양 쇠몽둥이, 사인참사검, 사인검), p50(철종어진, 영조어진, 연잉군 초상), p51(일월오봉도, 모란병풍도, 책가도, 십장생도), p52(효정 왕후 고희축하잔치도), p53(축, 진고, 편경, 편종), p54(열성어필), p55(현종인장, 숙종이 사직단 옆 소나무를 보고 읊은 시를 적은 현판), p58-59(국립고궁박물관 전경)

장석조 p8(태조 이성계의 초상화)

주니어김영사 p12(현종실록), p13(승정원일기)

김지연 p14(오얏꽃)

김민석 p20(명륜당)

서울역사박물관 p21(경국대전, 호패)

규장각 p22(국조오례의), p22-23(대사례의궤)

박용미 p32(경회루, 교태전, 사정전, 강녕전, 자선당), p62(경복궁)

국립중앙박물관 p57(풍속노)

초등학교 교과서와 관련된 학년별 현장 체험학습 추천 장소

1학년 1학기 (21곳)	1학년 2학기 (18곳)	2학년 1학기 (21곳)	2학년 2학기 (25곳)	3학년 1학기 (31곳)	3학년 2학기 (37곳)
철도박물관	농촌 체험	소방서와 경찰서	소방서와 경찰서	경희대자연사박물관	IT월드(과천정보나라)
소방서와 경찰서	광릉	서울대공원 동물원	서울대공원 동물원	광릉수목원	강원도
시민안전체험관	홍릉 산림과학관	농촌 체험	강릉단오제	국립민속박물관	경희대자연사박물관
천마산	소방서와 경찰서	천마산	천마산	국립서울과학관	광릉수목원
서울대공원 동물원	월드컵공원	남산골 한옥마을	월드컵공원	국립중앙박물관	국립경주박물관
농촌 체험	시민안전체험관	한국민속촌	남산골 한옥마을	기상청	국립고궁박물관
코엑스 아쿠아리움	서울대공원 동물원	국립서울과학관	한국민속촌	서대문자연사박물관	국립국악박물관
선유도공원	우포늪	서울숲	농촌 체험	선유도공원	국립부여박물관
양재천	철새	갯벌	서울숲	시장 체험	국립서울과학관
한강	코엑스 아쿠아리움	양재천	양재천	신문박물관	남산
에버랜드	짚풀생활사박물관	동굴	선유도공원	경상북도	남산골 한옥마을
서울숲	국악박물관	고성 공룡박물관	불국사와 석굴암	양재천	롯데월드민속박물관
갯벌	천문대	코엑스 아쿠아리움	국립중앙박물관	경기도	국립민속박물관
고성 공룡박물관	자연생태박물관	옹기민속박물관	국립민속박물관	이화여대자연사박물관	삼성어린이박물관
서대문자연사박물관	세종문화회관	기상청	전쟁기념관	전쟁기념관	서대문자연사박물관
옹기민속박물관	예술의 전당	시장 체험	판소리	천마산	선유도공원
어린이 교통공원	어린이대공원	에버랜드	DMZ	한강	소방서와 경찰서
어린이 도서관	서울놀이마당	경복궁	시장 체험	화폐금융박물관	시민안전체험관
서울대공원		강릉단오제	광릉	호림박물관	경상북도
남산자연공원		몽촌역사관	홍릉 산림과학관	홍릉 산림과학관	월드컵공원
삼성어린이박물관		국립현대미술관	국립현충원	우포늪	육군사관학교
			국립4·19묘지	소나무 극장	해군사관학교
			지구촌민속박물관	예지원	공군사관학교
			우정박물관	자운서원	철도박물관
			한국통신박물관	서울타워	이화여대자연사박물관
				국립중앙과학관	제주도
				엑스포과학공원	천마산
				올림픽공원	천문대
				전라남도	태백석탄박물관
				경상남도	판소리박물관
				허준박물관	한국민속촌
					임진각
					오두산 통일전망대
					한국천문연구원
					종이미술박물관
					짚풀생활사박물관
					토탈야외미술관

4학년 1학기 (34곳)	4학년 2학기 (56곳)	5학년 1학기 (35곳)	5학년 2학기 (51곳)	6학년 1학기 (36곳)	6학년 2학기 (39곳)
강화도	IT월드 (과천정보나라)	갯벌	IT월드 (과천정보나라)	경기도박물관	IT월드 (과천정보나라)
갯벌	강화도	광릉수목원	강원도	경복궁	KBS 방송국
경희대자연사박물관	경기도박물관	국립민속박물관	경기도박물관	덕수궁과 정동	경기도박물관
광릉수목원	경복궁 / 경상북도	국립중앙박물관	경복궁	경상북도	경복궁
국립서울과학관	경주역사유적지구	기상청	덕수궁과 정동	고성 공룡박물관	경희대자연사박물관
기상청	경희대자연사박물관	남산골 한옥마을	경상북도	국립민속박물관	광릉수목원
농촌 체험	고창, 화순, 강화 고인돌유적	농업박물관	경희대자연사박물관	국립서울과학관	국립민속박물관
서대문자연사박물관	전라북도	농촌 체험	고인쇄박물관	국립중앙박물관	국립중앙박물관
서대문형무소역사관	고성공룡박물관	서울국립과학관	충청도	농업박물관	국회의사당
서울역사박물관	충청도	서울대공원 동물원	광릉수목원	롯데월드민속박물관	기상청
소방서와 경찰서	국립경주박물관	서울숲	국립공주박물관	몽촌토성과 풍납토성	남산
수원화성	국립민속박물관	서울시청	국립경주박물관	민주화현장	남산골 한옥마을
시장 체험	국립부여박물관	서울역사박물관	국립고궁박물관	백범기념관	대법원
경상북도	국립서울과학관	시민안전체험관	국립민속박물관	서대문자연사박물관	대학로
양재천	국립중앙박물관	경상북도	국립서울과학관	서대문형무소 역사관	민주화현장
옹기민속박물관	국립국악박물관 / 남산	양재천	국립중앙박물관	서울역사박물관	백범기념관
월드컵공원	남산골 한옥마을	강원도	남산골 한옥마을	조선의 왕릉	아인스월드
철도박물관	농업박물관 / 대법원	월드컵공원	농업박물관	성균관	서대문자연사박물관
이화여대자연사박물관	대학로	유명산	롯데월드민속박물관	시민안전체험관	국립서울과학관
천마산	롯데월드민속박물관	제주도	충청도	경상북도	서울숲
천문대	몽촌토성과 풍납토성	짚풀생활사박물관	서대문자연사박물관	암사동 선사주거지	신문박물관
철새	불국사와 석굴암	천마산	성균관	운현궁과 인사동	양재천
홍릉 산림과학관	서대문자연사박물관	한강	세종대왕기념관	전쟁기념관	월드컵공원
화폐금융박물관	서울대공원 동물원	한국민속촌	수원화성	천문대	육군사관학교
선유도공원	서울숲	호림박물관	시민안전체험관	철새	이화여대자연사박물관
독립공원	서울역사박물관	홍릉 산림과학관	시장 체험 / 신문박물관	청계천	중남미박물관
탑골공원	조선의 왕릉	하회마을	경기도	짚풀생활사박물관	짚풀생활사박물관
신문박물관	세종대왕기념관	대법원	강원도	태백석탄박물관	창덕궁
서울시의회	수원화성	김치박물관	경상북도	해인사 고려대장경과 장경판전	천문대
선거관리위원회	승정원 일기 / 양재천	난지하수처리사업소	옹기민속박물관	호림박물관	우포늪
소양댐	옹기민속박물관	농촌, 어촌, 산촌 마을	운현궁과 인사동	유니세프 한국위원회	판소리박물관
서남하수처리사업소	월드컵공원	들꽃수목원	육군사관학교	무령왕릉	한강
중랑구재활용센터	육군사관학교	정보나라	이화여대자연사박물관	현충사	홍릉 산림과학관
중랑하수처리사업소	철도박물관	드림랜드	전라북도	덕포진교육박물관	화폐금융박물관
	이화여대자연사박물관	국립극장	전쟁박물관	서울대학교 의학박물관	훈민정음
	조선왕조실록 / 종묘		창경궁 / 천마산	상수허브랜드	상수도연구소
	종묘제례		천문대		한국자원공사
	창경궁 / 창덕궁		태백석탄박물관		동대문소방서
	천문대 / 청계천		한강		중앙119구조대
	태백석탄박물관		한국민속촌		
	판소리 / 한강		해인사 고려대장경과 장경판전		
	한국민속촌		화폐금융박물관		
	해인사 고려대장경과 장경판전		중남미문화원		
	호림박물관		첨성대		
	화폐금융박물관		절두산순교유적지		
	훈민정음		천도교 중앙대교장		
	온양민속박물관		한국에너지기술연구원		
	아인스월드		한국자수박물관		
			초전섬유퀼트박물관		